Esta es, no la historia completa, un esbozo de la historia de la señora Antonia. Que no supo querer pero se quiso mal.

Mucha gente pasa por la vida y creemos que no dejan huella, todas las personas afectan, de alguna manera la vida de otros.
La señora Antonia sí lo hizo.

Dedicatoria:

No pudiste ni supiste quererme y yo te echo de menos.

La Ti

Hoy ha muerto mamá. O quizá ayer. No lo sé. Recibí un telegrama del asilo: «Falleció su madre, entierro mañana sentidas condolencias.» Pero no quiere decir nada. Quizá haya sido ayer. Este texto, de la novela de Albert Camus, El Extranjero, es lo primero que me vino a la cabeza cuando recibí la llamada de la residencia de mi madre:

- Antonia se ha ido.

Postrada en una cama, sin hablar, sin comer salvo que la alimentasen, con pañal... solo hay un sitio donde podía ir. La marcha definitiva, la marcha sin retorno.Curiosamente sentí un dolor intenso, físico incluso, esperaba su muerte, era inevitable e inminente desde hacía días y el dolor me taladro, quería que no fuese cierto. Por supuesto quería que acabase de una vez el estado en que se encontraba, que, desde luego, no era vida, pero no soporte la idea de que era real, se había ido, ya no estaba, y no había marcha atrás, se había ido y después de sesenta años intentándolo lo hacía sin haber dado una muestra de quererme, sin un abrazo de cariño, sin un gesto de amor, sin un beso afectuoso. La perdí a ella y perdí una batalla que me ha llevado toda la vida.

El vació, solo sentía vacío y pena, porque ella había tenido una mierda de vida, una vida absurda, basada en el que dirán y en un orgullo estúpido, sin ningún valor, salvo para ella misma, que consistía en tener razón (aun no teniéndola) porque decía la ultima palabra, cosa que casi siempre ocurría porque el contrario decidía que no merecía la pena seguir discutiendo con una señora tan mema o tan alterada. No porque convenció a nadie.Sus consejos, como sus comentarios siempre te ofrecían que desconfíes de todo el mundo, nadie es bueno, nadie da nada por nada, nadie quiere a nadie. Bueno, había un ser en el universo bueno, ella. En que basaba esta afirmación es inexplicable pues sus actos no eran, precisamente, benévolos, en la mayoría de las ocasiones, por el contrario, si podía hacer daño para beneficiarse no iba a dudar nunca y, lo más increíble, lo justificaba y conseguía convencerse de que lo que hacía era lo correcto ya que le beneficiaba a ella. Centro del universo. De un universo de una, ella.La vida con Antonia no resultó nunca fácil, salvo que la ignorases, lo cual era prácticamente imposible, hasta en su ausencia estaba siempre presente.

Las cosas de la memoria no pueden ser asumidas como "al pie de la letra", el tiempo las modifica, las adapta, las hace convenientes.

La historia de nuestros padres es nuestra historia, además de hacernos entender, algo, como son y porque actuaban como lo hacían, aunque muchas veces ni sabiendo, entendemos.

De Antonia, aunque viva, poco se sabe, nació en Cercedilla, un pueblo de la sierra de Madrid. Algunas veces cuenta alguna cosa pero cuando es consciente de que está recordando su pasado se cierra en banda, cambia de tema o, simplemente, abandona la charla.

Su madre, Aquilina, murió durante la guerra, de cáncer, ama de casa, hija de campesinos, ni siquiera se cuantos hermanos tenía, nunca habla de ella con cariño, cuando habla de ella es para decir que no la quería...

Su padre, Alejo, un hombre de campo, murió al caer de una montura, unas veces un caballo, otras una mula. El animal volvió solo a casa y cuando fueron a buscarlo lo encontraron ya muerto. En algún momento fue alcalde de Cercedilla, pero cuando interrumpes la charla preguntando ¿cuando? ¿cuanto tiempo?, Antonia calla, se sumerge en sus recuerdos e ignora que estás ahí.

A él le recuerda, o al menos habla de él, con cariño, bueno, respetado por todos en el pueblo, trabajador, muy callado, a veces la defendía de las regañinas de su madre.

Su abuelo, Galo, la quería y le quería, siempre tenía una caricia para ella, era el padre de su madre, Francisca su mujer. Los padres de su padre, Julia y Santiago.

Fueron cuatro hermanos, tres mujeres y un hombre, el varón murió al poco de nacer, el día que le enterraban empezó la guerra en España, y cuando, en mitad del acto, se oyó a un grupo de hombres pasar corriendo y gritando:

- *¡La guerra!, ¡La guerra!. ¡Ha empezado la guerra!.*

El cura se quitó la sotana, la tiró a la fosa en la que estaba el ataúd y se fue corriendo, enterrada quedó la sotana con su hermano.

Y llevaba pantalones debajo, que cosas...

No aprendió a escribir, lo hizo después, casada con Paco, que le busco una profesora particular para que aprendiese, pero soberbia siempre, en cuanto supo defenderse con las letras, la despidió, nadie más joven que ella iba a enseñarle a ella nada. Sus padres sí la mandaban a la escuela pero ella no entraba porque tenía el lápiz más pequeño, nunca llevó bien no ser la que destaca por arriba, y mientras los demás niños, incluso sus hermanas, que por quererla callaban, enlazaban letras y colocaban Cercedilla en los mapas ella jugaba sola y se escondía de los adultos que hubiesen podido delatarla.

De la guerra poco cuenta, de la posguerra si, habla del hambre que pasaron. Huérfanas las tres hermanas, al acabar la guerra, unas tías, se hicieron cargo de comerse la hacienda, que no de cuidarlas, Antonia es la pequeña, y cuando sus hermanas fueron capaces de defenderse, y defenderla poco quedaba del patrimonio heredado, una casa y una cuadra. La mayor, Rosario, a la que en el pueblo llaman "la bicho" no por mala, por peleona, quedó en el pueblo, caso, y su marido se ocupó de la cuadra y el matrimonio de la casa. Tuvo cinco hijos y, aún, fue capaz de ocuparse del hijo que Antonia entregó a la inclusa.

La mediana, Luisa, marchó del pueblo, acabó en San Rafael, Segovia, donde casó con un fontanero, donde tuvo tres hijos, donde murió el único varón que tuvo de la misma forma que mis hermanos pero que ella dice que es por la vida que le daba su nuera, mayor que el hijo, y a la que no quiere mucho o mas bien no quiere, simplemente.

Antonia vino a Madrid, a casa de unos tíos, Gregorio, que vivían en la calle Ronda de Atocha, por la noche tendían colchones en el suelo para dormir todos los que eran en la casa, que, o hacían eso o solo había camas. Se puso a servir, como sus tías le habían enseñado a guisar se puso de cocinera, sirvió en casa de un abogado muy reconocido, que comía judías verdes a medio día y con las hebras que quedaban al pelarlas, hacían un caldo para cenar sopa... mucha hambre... mucho frío...

También trabajó en el hospital de tuberculosos de la sierra de Madrid, el hospital de Tablada, allí conoció al padre de su hijo, un enfermo que allí murió antes de que ella tuviese tiempo de alumbrarle.

Por supuesto no recuerdo cuando nací, los recuerdos son algo curioso, una recuerda un día, en el que le da el chupete a su hermano, sin que aparentemente tenga ni importancia ni relevancia, y eso es todo lo que es capaz de recordar de sus dos o tres años, escenas sueltas sin posibilidad de interpretación hasta que, de repente, toda la vida, se presenta ante una, un hilo que nos lleva hasta el presente, con algunos nudos, espacios que se han perdido, sin motivo aparente, quizá por falta de relevancia, quizá porque mejor que sean olvidados e, incluso, porque una borrachera, tantas, vacía la mente y limpia noches o días de excesos. Uno de mis primeros recuerdos podría ser la síntesis de la relación que existió entre Antonia y yo.

Habíamos salido a tomar chocolate con churros con una de sus amigas, siempre tuvo muchas amigas, cambiaban con facilidad pero siempre tenía muchas alrededor. Entraron en la cafetería y yo me despiste, se sentaron, pidieron el chocolate, los churros y disfrutaron de ellos. Yo en la calle, giraba en torno a mi intentando encontrarlas, anochecía, aunque eran las 6 de la tarde, era invierno y comenzaba a oscurecer, empecé a sentir miedo, no las veía, no sabía ni donde ir, ni donde buscar, si me movía no me encontrarían y tampoco sabía hacia dónde debía ir, comencé a llorar, estaba aterrada, sola, perdida. Un matrimonio me preguntó por qué lloraba.

- *Me he perdido*

- *¿Sabes donde vives?*

- *No, estaba con mi mamá y no está*

- *¿Y no sabes donde vives?, ¿no sabes dónde está tu mamá?*

El llanto me ahogaba, me impedía contestar, y el matrimonio, amablemente me animaba a contestar, intentaban ayudarme. Apareció mi madre, saliendo de la cafetería con un churro en la mano y riéndose a carcajadas, casi llorando de risa.

- No pasa nada, es mi hija, la estaba viendo por el cristal, estamos ahí tomando chocolate con churros. Es que es tonta, la he dejado que se asuste para que aprenda.

Ignoro si el matrimonio, no lo recuerdo, hizo algún comentario. Mi madre tiró de mí y me metió en la cafetería, me dio un churro.

- Anda, cómetelo.

Y siguió hablando con su amiga.

Lo cierto es que la niñez de Antonia no fue fácil, perdió muy pronto a su madre, con apenas 6 años, una madre, que según contaba ella, nunca la quiso, quizá eso impidió que aprendiese a querer. A su padre le perdió con 8 años y la familia se hizo con las tierras y casas, que volvieron a las hermanas al hacerse mayores, y las acogieron por separado, sin apenas formarlas y con escaso cariño, solo para poder justificar el aprovechamiento de los bienes de las pequeñas. Antonia se hizo cocinera, y como tal comenzó a trabajar, quedó embarazada, la historia no tiene más recorrido porque ni sabemos de quien ni sabemos donde, ella cuenta que en el hospital de tuberculosos donde trabajaba, pero según su hermana y su prima, no creen que sea cierto, nunca se sabrá.

Se marchó a Valencia y allí tuvo a su hijo, al que entregó, en Madrid, a la inclusa, no quería que nadie supiese que había tenido un hijo, "el que dirán", sin embargo no le fue fácil y acabó contandoselo a una prima, con la que había quedado para que la ayudara a buscar trabajo, y que se lo encontró en una casa de mucho postín con la que la prima tenia muy buena relación con la señora de la casa, la prima, a su vez contó a la hermana mayor de Antonia, el nacimiento de su sobrino y que estaba recogido en un establecimiento, esta fue por el niño y lo crió como hijo propio, quizá, estas cosas, afectaron su psique, y fruto de lo vivido, que cada cual vive de diferente manera, desarrollo, lo cual le fue diagnosticado ya mayor, esquizofrenia paranoide. Puede que esto justifique sus actos, o no, pero lo cierto es que enferma estaba, quizá pueda considerarse un atenuante.

Cuando su hermana sacó de la inclusa al niño, la prima hablo con Antonia y le dijo que debía enviar dinero a la hermana para la manutención del niño y, como tenía confianza con la señora, se lo comento directamente a ella y establecieron la cantidad que debía asignarse al pequeño, así que cuando llegó el día de cobrar la señora le retuvo, para entregar a la prima y que esta le entregase a la hermana, una pequeña cantidad para ayuda del mantenimiento del pequeño, Antonia no estuvo de acuerdo, y entendiendo que la señora no iba a ceder ya que se apoyaba en las buenas razones que su prima aducía, tomó una decisión, dejó la casa y busco otro trabajo donde nadie le pudiese retener nada.

Aun así, siguió enviando dinero para el pequeño cada mes hasta que este tuvo unos 10 años, pero el que ella decidió, nadie iba a decirle cuanto. Pero nunca reconoció ser su madre y si intento recuperarlo lo desconocemos. No voy a mentir, puede que alguna vez se le pasase por la cabeza.

El tiempo no para y Antonia estaba trabajando en una buena casa, trabajaba, también, en ella Lali, quien se hizo amiga de Antonia, se entendían bien, se reían y pasaban ratos agradables juntas. Lali salía con Alberto y Lali le propuso a Alberto que quedase con algún amigo y ella le decía a Antonia que viniese, y así salían con otra pareja. Y así hicieron, Alberto trajo a Paco y Lali llevó a Antonia y así se conocieron Paco y Antonia. La cosa parece que cuajó, el caso es que Antonia no quería volver a pasar por tener un hijo y abandonarlo, y Paco era un buen partido, buen trabajo, buen jornal, aunque un poco disoluto, pero ella quería un marido y una casa. Paco era viudo, tenía un hijo pero no se ocupaba de él, le habían mandado, las hermanas de Paco, a la muerte de su mujer fuera, con un hermano a Méjico, ya que Paco no demostraba demasiada responsabilidad ocupándose de él, Lo cierto es que Paco, cuando se le conocía, no era, precisamente, un mirlo blanco, y pocas mujeres estarían deseando casarse con él, pero a Antonia, cuya percepción de la realidad, no era la de la mayoría de las mujeres, le servía para obtener lo que más quería, el estatus de casada, la seguridad de callar bocas, porque se casaba con un señorito, porque Paco era un señorito de buena familia, eso sí, y para ella, el qué dirán, seguía siendo prioritario en todo lo que hacía. Así que le dijo a Paco que estaba embarazada, y organizaron la boda, y se casaron, que la niña nació a los 8 meses y medio de casados y según los médicos era ochomesina... bueno... Paco no hizo nunca muchas cuentas al respecto, y si las hizo, no lo dijo nunca.

Lali y Alberto nunca se casaron, muchas veces oí a Antonia y a Paco hablar de ello. A Alberto Lali le parecía poca cosa, era una mujer de servicio y él...

él es un caballero, bien situado. Por lo visto Lali lo pasó muy mal, pero al final se casó y fue todo lo feliz que la vida le permitió, sin embargo, Alberto, y maduro, casó con una mujer dominante que le apartó de todos sus gustos y amigos y con la que fue a vivir a Sevilla, donde según sus cartas nunca fue feliz, sin más familia que su esposa, y donde murió prematuramente, o se apagó por falta de vida... quien sabe.

A este Alberto debió su nombre el tercer hijo de Antonia y Paco. Lo cierto es que si Antonia decidió que casarse con Paco iba a solucionar su vida, no acertó mucho, ella siempre dijo, que lo importante era querer al marido, que de quererle venían los hijos, por lo vivido y acontecido con Paco, es de deducir que su amor fue difícil, habrá que concluir cuál fue el amor a los hijos. La historia nos dejará que cada uno decida qué pensar y cómo entenderlo, porque nadie es quien para juzgar a nadie pero cada persona está en su derecho de tener su opinión sobre lo que lee, oye, ve... En muchas ocasiones, Antonia, se acercaba a casa de Paco, a buscarle para salir a dar un paseo, y, normalmente, su cuñada Mari Pepa, mi tía, que abría la puerta tranquilamente en sujetador y bragas, lo cual en el año 1957/58 no es que resultase chocante, era enormemente asombroso, y asombraba a Antonia la liberalidad de una casa de bien, como era la de Paco, Mari Pepa, abría la puerta sin preocuparse de quién iba a encontrarse tras ella, por supuesto Antonia, no tardó en decidir que su cuñada era un poco puta, ya está. Antonia era muy básica y sencilla adjudicando adjetivos a las personas que conocía, y tenía una lista breve: gilipollas, puta, asqueroso, asquerosa y poco más. Lista que conservó, prácticamente, toda su vida.

- *Pasa, pasa. Paco está malo, está durmiendo, pero pasa, ¿quieres tomar algo?.*

Mari Pepa fumaba sin parar, bisontes, tabaco muy popular en aquella época. Antonia, por cortesía aceptaba un café, sin saber de qué hablar con aquella gente pero tratando de ser amable y, sobre todo, intentando formar parte de la rutina de esa familia. Compuesta, en ese momento, por Mari Pepa, Charo, Julina y mamá, mi abuela María, cada una de ellas chocante para Antonia, salvo Julina, con quien congenio con facilidad y rápidamente. Mientras ella tomaba su café, Charo iba y venía, al parecer trabajaba en casa y siempre estaba ocupada, la abuela oía la radio, pero se enteraba de todo lo que hablaban y metía cuña cuando le parecía oportuno, dejando clara su opinión, que sin ningún recato expresaba, a pesar de que sus hijas, ni la tenían en cuenta ni parecía que les importase demasiado.

- Mamá, ¿quieres café?.

- Si, un poquito con mucha leche.

- No, café no que te pones nerviosa, toma leche.

- ¡Quiero un poco de café! ¡no vais a decirme lo que tengo que tomar!.

- Toma, leche.

Mari Pepa, la única que en esos ratos hacía algo de caso a Antonia, porque la encargada de poner café y algo para comer con él era Julia, tomaba café, hablaba, incluso de cosas de las que Antonia no entendía absolutamente nada, y fumaba sin parar, cosa que a Antonia no agradaba en absoluto, pero, quería agradar ella así que hacia como que no le afectaba de ninguna manera. Aunque lo cierto es que Mari Pepa nunca preguntó si le molestaba que fumase, ni a ella ni a nadie, ella fumaba y punto. Julina había sido el ama de cría de Paco, es decir, que le dio el pecho, desde que nació, ya que mi abuela tuvo 20 partos, de los que nacieron 22 hijos y de los que sobrevivieron 18, estando siempre embarazada, responsable propietaria de un taller de confección de ropa de cama y mantelería, lugar donde gustaba pasar más tiempo que en su casa, y no falta de recursos, recurrió ante cada parte a buscar ama de cría para cada retoño, pero, en el caso de Julina, quedó en la casa tras esa labor convirtiéndose en la mujer para todo, y para todos los nietos y resto de familia, en la tía Julia o Julina. Lo cierto es que hasta la muerte de Julia no supe que no era mi tía, ni que tenía otra familia que no fuésemos nosotros, pero aparecieron sobrinas y familia ávidos de conservar un recuerdo de ella, a la que no creo conociesen siquiera, que, resultó cual un motín del que no quedó ni una bata en el armario, puede que alguien de mi familia consiguiera conservar algún objeto de ella a modo de recuerdo pero su familia se esforzó por que no lo lográramos. Nunca más supe, ni sé que se supiese de la familia de Julia.

El caso es que, quizá por que sus trabajos tenían cierta relación y provenían de otro estatus, ambas venían de familias humildes, ambas vivían gracias a su trabajo, ambas tenían la cultura más básica y la que da la vida y la experiencia, no la que dan los estudios, les resultaba fácil y cómodo comunicarse, y dado, que eran muy frecuentes las ocasiones en que Paco estaba malo, acabaron saliendo ellas, tras tomarse, Antonia, el café de cortesía con la familia, a dar un paseo y fueron cuajando una amistad que no cesó hasta el fallecimiento de mi tía. Lo que nunca he entendido es porque, Julia, no le contó nunca a Antonia, la verdadera naturaleza de los malestares de Paco, no se si era excesivamente prudente, si creyó que Antonia lo sabía, o si mi familia le dejó claro que no lo dijese.

La boda de Antonia y Paco fue todo lo bonita que son las bodas, el padrino de Antonia fue su tío, vivía con él, su mujer y sus primas en la calle Atocha. Antonia tenía unos ahorros y Paco era un hombre al que le gustaba estirarse con el dinero y agasajar debidamente. Ella, por casarse con un viudo, se casó con vestido corto y azul, no podía casarse de blanco. Hubiese estado mal visto, lo cual siempre era importante para ella. Tuvieron un breve viaje de novios y comenzó la convivencia.

Desde el mismo viaje de novios, Antonia, descubrió porque Paco estaba tantas veces enfermo, cuál era su enfermedad, no era grave pero a ella le cambió la vida, se encontró con un Paco, que seguía siendo el señorito que ella quiso y encontró, pero con un problema con el que ella iba a tener que lidiar el resto de su convivencia, la enfermedad de Paco era resaca, a Paco se le calentaba el morro con facilidad, y una vez empezaba a beber no tenía final, no era un alcohólico, en absoluto, era un bebedor social, le gustaba la fiesta, el alternar con conocidos e, incluso, con desconocidos, le gustaba el juego, y este con una copa de vino blanco, un coñac o whisky, era más entretenido.

Durante el tiempo que fueron novios, Antonia tenía hora de llegada a casa y Paco, después, se iba con sus amigos, no dejaba a Antonia y se iba a casa, precisamente esos ratos eran sus ratos divertidos, los que él disfrutaba, los ratos de asueto, donde destacaba, porque era un hombre de trato agradable y con un gran sentido del humor, sus chistes y chascarrillos arrancaban carcajadas a quienes festejaban con el, sabia sacar una risa a cualquiera, tenía un don para ello, era de ese tipo de personas, y, también, gustaba de gastar bromas, aunque, en alguna ocasión, la broma resultó algo pesada, pero eso son otras historias. Y el problema de Paco no era que padeciese resacas, no, sino que para padecerlas llegaba tarde a casa, gastaba lo que ganaba, la mayoría de las veces porque se lo jugaba, lo cual si era un problema, eso sí, su hermana Charo siempre estaba ahí para sacarle del atolladero.

Paco trabajaba por las tardes en un estudio de arquitectos, con Charo, su hermana, y, Antonia consiguió que no le pagasen a Paco directamente, gracias a Charo, Antonia pasaba todos los meses a cobrar y, al menos, ese dinero, permitía pagar los gastos fijos, el resto unas veces se lo jugaba según lo cobraba, otras Antonia se presentaba en la puerta de la oficina el día de cobro, si conseguía enterarse de que ese día pagaban, y con bronca o sin ella conseguía el sobre.

Pronto aprendió Paco a abrir el sobre cuando se lo entregaban, cambiar la cantidad que en él figuraba, con tipex tachaba la cantidad a cobrar y mecanografiaba encima la cantidad a entregar a Antonia en el sobre, lo cierto es que esta práctica no fue una gran idea suya, esto ya lo hacían compañeros de Paco desde el principio de los tiempos.

Paco cobraba, también por haber sido condecorado, por poseer unas medallas militares con derecho a pago, de ese dinero Antonia nunca vio ni un céntimo, vamos, que no sabía ni que lo cobraba, esto lo cobraba a través de un habilitado, así se hacía, puede que aún se haga así, y de esto se enteró Antonia cuando Paco se jubilo, que no queriendo salir, o no pudiendo ya, autorizaba a Antonia a ir a cobrarlo, en alguna ocasión fui yo a la calle Mayor a recibir la paga de mi padre, conocí al habilitado, un personaje curioso, no por sus tartamudeo, nunca me molesto la gente que tartamudea, ni por arrastrar su pierna, sino por su antipatía, no conseguí jamás hacerle sonreír, y el tiempo me ha vuelto más áspera, pero de joven tenía facilidad para sacar sonrisas a la gente.

La niña nació antes de tiempo y con dificultad, traía tres vueltas del cordón umbilical en el cuello, la madre se puso de parto en un portal, cerca de Sol, fue difícil, un parto doloroso, complicado, pero, como la niña pesaba poco, consiguieron salir adelante madre y niña, Esa niña que soy yo. Corría el año 1958, finales. A Paco no había forma de encontrarle, no aparecía por ningún sitio, pero al final en un bar le encontraron, lo difícil fue encontrar el bar, pero menos mal que estaba en uno y no en una de las timbas a las que le gustaba acudir y donde se jugaba hasta la camisa.

El caso es que en medio de su delirio alcohólico enloqueció de felicidad, fue a conocer a su hija, a la que habían llevado a una incubadora, y envolviéndola en la sabana que la arropaba se la llevó del sanatorio para que todos sus embriagados compañeros de juerga la conocieran y le felicitasen, se fue a celebrar el nacimiento de su hija con ella.

De nuevo le encontraron, aunque esta vez, lo cierto es que no le buscaban a él, sino a la niña y, afortunadamente, lo hicieron, porque tenía los labios morados y una tiritona que no auguraba nada bueno, pero yo tenía ganas de vivir, y ni por estas cedí, pude con las vueltas del cordón umbilical, con el frío y decidí seguir adelante, decidí enterarme de que era eso de vivir.

Paco entró en una empresa llamada Transradio, eso es cierto, siempre estaba buscando formas y lugares de y donde ganarse la vida bien. No se si era trabajador, en casa, pese a su machismo, inculcado y propio de su forma de ser y pensar, cocinaba los domingos, no todos, y de vez en cuando hasta recogía, creo que a pesar de los esfuerzos de Antonia, se daba cuenta de que no siempre todo estaba bien. A través de de no sé qué ministerio, tenía derecho, por ser militar, a una vivienda, y mi madre depositó el dinero que pedían de entrada con el resto de los ahorros que le quedaban, quería su propia casa, no vivir en una de alquiler en Madrid, fue con Julia, que a raíz de nacer yo, y como mis padres cogieron casa cerca de casa de mi abuela, en Conde de Peñalver, pasaba muchos ratos con mi madre, ya sí hablaban de la enfermedad de mi padre.

- Antonia, nenina, nun des los dineros a esa gente si no jurante que nadie puede retiralos.

- ¿Y eso por qué?

- Ya sabes como ye Pachu, y si puede, sacalos y gastaselos en vino y juego.

Así que Antonia, se informo de como hacer para depositar la fianza y no poder recuperarla, y consiguió, eso era fácil, ya que con esperar a que Paco viniese un día algo bebido se conseguía, y si no era un día, otro seria, y Paco firmó los papeles para la entrada y quedo solicitado un piso concreto, lo cual, les comprometía y en caso de desistir de la compra perdían el dinero, pero mi madre no tenía ninguna intención de desistir, todo lo contrario, ya había conseguido casarse, ahora quería su piso. Y quiso la casualidad, que mi padre conociese, precisamente, a quien dirigía ese departamento, coincido con mi madre en un evento, mi madre le preguntó por él pero mi padre no era especialmente amigo de él, solo tenían amigos comunes. Un tarde, fueron Julia y ella a merendar y, no precisamente por suerte, en la cafetería estaba el director del departamento de viviendas pero no con la mujer con quien mi madre le vio en la fiesta aquella, con una joven, evidentemente, por su actitud, arrumacos, caritas cursis, sonrisitas... algo había entre ellos, mi madre se dirigió a él.

- ¿Puedo hablar con usted?.

El casi fallece del susto, se le salían los ojos, era obvio que se sentía descubierto. Salieron fuera.

- Usted dirá.

- Pues digo, que si no quiere usted que su mujer sepa lo que he visto, y ha visto mi amiga, esa que está ahí sentada, miré, aquella, ¿la ve?.

Asintió el hombre

- Si, si, dígame

- Pues si aquí no ha pasado nada, en la primera adjudicación de pisos que haya, a mi marido y a mí nos van a conceder uno.

- Pero señora, a ustedes les corresponde uno mejor que los que vamos a dar ahora, casi el doble de grande, con terraza…

- El primero que vayan a entregar, avisa usted a mi marido que nos adelantan la entrega.

- Señora, yo lo que usted quiera pero tienen derecho ustedes…

- Ya me ha oído o me oirá quien me tenga que oír.

Antonia, quería un piso y lo quería ya, habiendo tenido que dormir en una cama con su prima durante años, sin hogar fijo, buscándose la vida y sintiendo que nada le pertenecía, quería su casa, un techo propio, y no le importaba si era pequeño o si era lejos, lo quería cuanto antes, ella no pensaba en lo bueno, pensaba en lo que quería y lo que quería lo quería para ayer.

Así que teniendo Begoña nueve meses, a Antonia y a Paco, sin que Paco lo entendiese, y maldiciendo su suerte a diario, les entregaron las llaves de un piso, más allá de Las Ventas, donde para Paco acababa el mundo, no ya Madrid, el mundo entero, y por donde pasaba un tranvía, que iba hasta la Ciudad Lineal, y gracias que pasaba el tranvía. Era aquel un barrio en expansión, pero mientras se expandía, estaba lejos, en el Barrio de la Concepción.

Antonia pasaba mucho tiempo sola, Paco trabajaba demasiado, y cuando terminaba gustaba de tomar una copa y, algunas veces, irse a jugar al póquer. Jugaba bien al mus y al póquer, pero mientras que jugando al mus perdía unos chatos o unos cafés, jugando a póquer perdía el sueldo. A veces Paco pasaba días fuera, y Antonia fue conociendo a las vecinas, mujeres jóvenes como ella, y que como ella comenzaban a formar familia, en el 59 la mayoría de las mujeres, al casarse, dejaban de trabajar, se convertían en amas de casa, y eso era Antonia, era lo que siempre había soñado ser, iba poniendo la casa a su gusto, despacio, y quedándose embarazada, en cinco años tuvo cuatro hijos. No fue bueno para ella, el último, casi la mata, fue un embarazo que la dejó débil y el niño hubo de ser criado por su hermana, la misma que se había hecho cargo de su hijo olvidado. Lo cierto es que la familia debió asumir a sus hijos, en casa quedó Miguelito, ella no estaba fuerte y, empezaba a ser obvio que algo no era como debía ser. Veía fantasmas, hablaba con muertos y curaba enfermedades. O eso contaba ella. A la familia de Paco les pareció preocupante. Cuando los domingos, como era costumbre, se juntaba la familia en casa de la abuela y las tías, ella hablaba de sus visiones porque para ella eran reales, porque sus "dones" eso eran, tenía el don de poder curar y de transmitir mensajes de fallecidos. Así que, la familia de Paco, intentó ayudar, a que no viniesen más hijos, y a ayudar a criar a los que había. Para que Antonia no volviese a quedar embarazada, Conchita le empezó a facilitar anticonceptivos, que traían de Inglaterra y ella, en

Oviedo, repartía en espacios de mujeres, Conchita, la hermana de Paco, merecería que se contase su historia, también, pero no procede y solo contaré que fue descubierto que repartían anticonceptivos y le trajo consecuencias. También que fue descubierta, en cierta ocasión, en la cama con otra mujer, lo cual, también, tuvo para ella nefastas consecuencias, la peor, que su nuera no le dejase ver a sus nietos, ya que uno de ellos era una niña. ¿Que pensaba esa necia que iba a hacerle Conchita a su nieta?. Es obvio que la necedad es uno de los primeros defectos que presentó la humanidad y en esta familia no tenía porque no estar presente.

Para Antonia lo doméstico podía ser prioritario o no. Podía decidir que la casa debía estar impoluta u olvidar que para que estuviese limpia tenía que hacerlo. Paco buscaba "chicas" para que trabajasen en casa, para limpiar y cocinar, pero Antonia las echaba el primer día, o, con suerte, las aguantaba hasta el segundo. No, ella no quería a nadie en su casa, la obligaban a vigilar, a mandar, a estar, y ella quería su tiempo para ella, para sus vecinas, para sus mañanas de mercado en las que más que la compra charlaba con las mujeres del barrio y expandía su capacidad de dar y traer mensajes del más allá, sus intuiciones, y, como no, sus cotilleos y críticas, porque siempre gusto del cotilleo y de la crítica al prójimo. Todo era malo menos lo malo que ocurría a los demás, eso gustaba contarlo mientras se reía.

- *¿Sabes quien se ha muerto?*

- *¿Sabes que el hijo de menganito tiene una enfermedad muy mala que no puede andar?*

Todas estas cosas las comentaba ella mientras no podía evitar reírse, no lo decía desde la empatía y con dolor, no, sonreía, mientras te contaba los pormenores de la noticia. Me costaba mucho entender, cuando con más edad, fue a mi a quien contaba estas cosas, su sonrisa, su falta de piedad o empatía... Obviamente, yo no sabía, que mi madre padecía esquizofrenia paranoide. Si, mi padre decía muchas veces:

- *A tu madre no le hagas caso que está loca.*

Pero dado lo mucho que discutían, y que él no era el padre hogareño y devoto de sus hijos que me hubiese gustado tener, y que mi madre, loca o no, era la que estaba ahí, y que no tenía otra madre con la que comparar, pues a quien no hacía caso era a mi padre. Pero, ahora sé, supe tarde, muy tarde, que efectivamente, estaba mal, claro que entenderlo no hubiese cambiado mucho las cosas, ella estaba enferma y yo solo era una niña con tres hermanos pequeños.

Para que Paco volviese pronto a casa, o para que no gasté demasiado dinero, decía, Antonia, iba a buscarle a un bar donde gustaba ir al terminar de trabajar. Cerca de Manuel Becerra, La Villa de Narcea. Antonia era atractiva y coqueta, se arreglaba y dejaba solos a los niños tras la merienda, para irse por Paco o con Paco, porque por lo contentos que solían volver, no parecía que le desagradase el plan cuando marchaba toda peripuesta. En invierno los niños nos quedábamos en casa.

- Portaros bien, no hagáis ninguna trastada. Begoña, cuida de tus hermanos y si pasa algo avisas a Mari Pili o a Pilar.

Mari Pili y Pepe, los hijos de los vecinos de abajo, la señora Mercedes y Don José, maestro de escuela, eran esos vecinos-familia que tanto se dan. Mari Pili era fea, y metomentodo, con una voz de pito espantosa, vamos, poco agraciada. Le gustaba mandarnos y mangonearnos cuando nuestra madre no estaba, lo bueno es que por las tardes iba a "la academia", ignoro de que era la famosa academia, pero ella iba todas las tardes.

Pilar era la vecina del tercero, con su hija Anabel jugué mucho, mucho, pero al llegar a la adolescencia nuestros caminos se separaron y nada se de ella ni ella de mi, bueno, algún día la encontré yendo a ver a su madre o casualmente, pues vivía cerca de mi, ya con dos hijos y yo con la niña, pero ya solo nos saludábamos cortésmente, dos frases hechas y poco más.

Aunque mi madre nos decía que si pasaba algo les avisásemos, su forma de decirlo era tal, que quedaba muy claro que si llegábamos a tener que hacerlo no iba a felicitarnos por ello, al contrario, mejor no la llamábamos nunca a ningún vecino, nunca si queríamos no irnos castigados a la cama. Porque, una cosa es cierta, pegarnos, no nos pegaban mis padres, una vez, solo una vez, recuerdo que lo hizo mi padre, y aunque mi madre alguna mas, tampoco era de mano larga, bueno, era más de tirarnos de los pelos, gritar en demasía y darnos alguna patada, pero pegarnos con la mano, poco, si de castigarnos.

- *¡A tu habitación!*

Y no era fácil romper el castigo, si te mandaban a la habitación era firme y ahí te quedabas. Aunque a mi, pocas veces me castigaron, supongo que a ninguno, porque tampoco les importaba mucho lo que hiciésemos. Lo cierto es que mi padre casi nunca estaba, y mi madre, entre sus cosas y sus ausencias... no estaba demasiado pendiente de lo que hacíamos.

Cuando llegaba el calor y podíamos salir al jardín, jardín comunitario, donde todos los críos nos juntábamos, los mayores se sentaban en el muro, y distraían su adolescencia pavoneando y tonteando chicos y chicas, algunas veces tocando la guitarra y cantando canciones de moda, entonces no había móviles ni aparatos a pilas que poder bajar a la calle, la guitarra y alguna armónica era toda la música de la que se disponía. Cuando empezaba a anochecer salían los padres, a tomar el fresco, se juntaban en otro muro y entretenían la noche con tertulias, al final acababan en dos corros, los hombres por un lado y las mujeres por otro. Mis padres, a veces, llegaban a tiempo de entrar en los corros. Mientras los mayores charlaban, los niños seguíamos jugando, hasta que se disolvía la reunión y todos para casa, ocurría, a veces, que mis padres aún no habían llegado, y nos sentábamos en el portal, a esperar a que llegasen, recuerdo, que cuando eso ocurría, lo único que sentía era hambre, porque nosotros cuatro siempre encontrábamos como divertirnos, pero se hacía tarde y el estómago reclamaba comida, ocurría, en ocasiones, que mis padres llegaban alegres, y, como era tarde, nos traían algo para distraer el vació y ni cena ni nada, castañas pilongas, chufas... como mucho un cola-cao y a la cama.

En invierno, cuando nos quedábamos solos ocurría, en alguna ocasión, algún percance, cuatro niños solos en una casa, tarde si, tarde no, porque a veces, a pesar de que mamá iba a buscar a papá al Villa de Narcea él no aparecía, y ella volvía pronto, o, a veces, sencillamente no iba. En casa, todos los meses se hacía un pedido al economato, que era uno de los beneficios de los que mi padre disfrutaba, el economato del ejercito, podías ir a comprar directamente cuando quisieses y las veces que considerasen y podías, así mismo, hacer un pedido mensual que te llevaban a casa. En casa se hacía el pedido mensual: galletas, legumbres, latas de sardinas, latas de atún, fiambre en lata, chocolate, leche condensada, cerveza, vino, aceite, latas de aceitunas, latas de berberechos, latas de mejillones, jabón para la lavadora, jabón para el baño, papel higiénico... Cada mes, cuando llegaba "el pedido" era un acontecimiento. Esa tarde había chocolate para merendar siempre. Mamá guardaba en un armario con llave las cosas que más podrían gustarnos, las galletas, el chocolate, membrillo... y el resto en la despensa, ¿que más nos daban el aceite, la harina, los garbanzos...?. En alguna de esas tardes de soledad, conseguíamos abrir el armario... que panzadas de chocolate... de galletas...

- *Venga, solo un trocito más...*

Pero era imposible parar, hasta la tripa nos dolía cuando llegaban papá y mamá... y claro, luego el drama...

- *¡No se os puede dejar solos!, ¡asquerosos!...*

Y otras lindezas de boca de mi madre, mi padre se iba a la cama, venia normalmente "cocido" y cansado, bastante que nos decía alguna cosa antes de meterse en la cama, y, por supuesto, la responsable de todo lo que aconteciese, fuese lo que fuese, y fueron bastantes, era yo, porque yo era la que debía cuidar de todos.

- *¿No ves que son pequeños?. Me vas a matar a disgustos!...*

Pequeños, como si yo fuese de la tercera edad, 13 meses mayor que Paquito y ni 5 años mayor que el pequeño. Algunas veces, esas tardes que quedábamos solos, Mari Pili, subía a vernos, y trataba de entretenernos, hacernos jugar o contarnos alguna historia, lo cierto es que era peor, su intención siempre fue buena, pero no tenía gracia, ninguna, ni de perfil, ni de frente. Era cejijunta, bajita, achepada, miope de gafas de cristal grueso, con la pierna cada una mirando hacia un lado y de voz de pito, nosotros, niños, al fin y al cabo, no la veíamos con otros ojos que con los del cariño que ella nos profesaba pero no era divertida y cuando venía a vernos no nos divertíamos.

En una ocasión, se fue la luz, y quiso enseñarnos a hacer "palomillas" que eran mechas que se metían en un vaso de agua al que se le añadía aceite y se prendían, la mecha chupaba del aceite mientras daba luz, era la sustitución casera de una vela. Tal era la maña de Mari Pili que no consiguió que viésemos nada hasta que volvió la luz, momento en el que se fue y ahí nos dejó, con no sé cuántos vasos de agua con aceite y sin algodón, que fue lo que utilizó para hacer de mecha. Cuando volvió mi madre, juro en arameo.

     - ¡La tía esta!, ¡que me ha dejado sin aceite la gilipollas!.

Creo que además de no conseguir que viésemos, nos quedamos sin aceite y mi madre enfadada, que eso no lo aguantaba ella, eso significaba que a la cama sin cenar y callados como si fuésemos mudos, no fuese que además hubiesen gritos y tirones de pelo. Porque papá ya estaba "cocidito" y lo más que iba a hacer es decir:

- *Dejalos, Toni, que no han hecho nada.*

Lo cual era peor, porque encima empezaría a gritarle a él. Nunca aprendió mi madre, cosa que yo aprendí bien pequeña, que intentar debatir con alguien que ha bebido no sirve para nada. Y ella seguía día tras día intentándolo, bueno, yo creo que mi padre se dormía y ella gritaba, quizá, al menos se desfogaba. En esas ocasiones, cuando gritaban y luego solo gritaba ella y daba portazos y seguía gritando, me invente una forma de no escuchar, cerraba los oídos con un dedo y los abría, lo hacía de forma rítmica y conseguía, no se si distraerme e ignorar lo que pasaba o no oírles, pero conseguía dormirme.

Desconozco, pues nunca lo comentamos, que pasaba por la cabeza de mis hermanos en esas noches, cómo conseguían dormir sin sentirse asustados, porque yo era como me sentía, asustada. A pesar de los gritos, de los portazos, cuando hablaban de separarse me sentía mal, muy mal. Yo no quería que mis padres se separasen.

Nuestra vida era con ellos y así, y así la quería y así creía que debía ser.

Sin embargo, Paquito, en una ocasión, hizo algo que, sin duda, demuestra que la vida que llevábamos no le hacía feliz. Mi madre le mandó a comprar vino a la bodega, y lo compró, mi padre le pidió un chato. Al poco rato el vino, mi padre siempre bebía vino blanco, se había vuelto verde, mi madre fue a la bodega a devolver el vino porque estaba malo, por supuesto, armó un escándalo, esa era una de sus especialidades, y volvió con otra botella en buenas condiciones. Al cabo de algún tiempo, incluso puede, que al cabo de más de un año, mi hermano me contó.

- *¿Te acuerdas del vino que se puso verde un día?*

- *Si*

- *No se puso verde, le eche una cosa... quería que papá se muriese.*

- *¿Querías que papá se muriese?*

- *Luego me arrepentí, fui yo quien le dije a mamá que el vino estaba verde. Lo pasé muy mal, hasta que vi que no se moría.*

Creo que no le di más importancia, sencillamente no entendí porque quería que mi padre se muriese, o si, yo fantaseaba, a veces, con la idea de ser huérfana y no oír los gritos, casi diarios, de mis padres discutiendo. No habrían gritos y yo sería tratada con respeto, ser huérfana te ponía en una situación de privilegio.

- Pobrecilla, es huérfana.

Te permitía alguna que otra metedura de pata, con poner cara de que estabas triste, te acordabas de tu padre...

Para cuando eso pasó ya ni daba pena ni era ningún privilegio, era bastante lógico por mi edad y la de mi padre. También recuerdo que algunos niños utilizaban contra nosotros la afición de mi padre a la bebida para meterse con nosotros. En una ocasión, quise jugar a la goma, juego muy de mi infancia, que consistía en saltar sobre una goma de mas o menos un centímetro de ancho y cerrada con un nudo, esta goma se convertía en un rectángulo porque dos niñas, generalmente era casi imposible que jugase un niño, se ponían una frente a otra con la goma a distintas alturas, caderas, rodillas, tobillos, y el resto saltábamos haciendo figuras, pisando la goma, cruzandola... Cuando pedí jugar, la dueña de la goma me dijo:

- No, tu no juegas porque tu padre es un borracho.

¡Tócate las narices!, sabido era en todo el barrio en las condiciones en que su padre llegaba con frecuencia a casa, y, también, que era motivo de discusiones entre el matrimonio. Creo que esto me hizo aprender muy pronto aquello de "dime de lo que presumes y te diré de lo que careces", porque si ella presumía de un padre recto y sobrio, no era, precisamente, lo que el resto del barrio habíamos llegado a saber. Y, repito, mi padre bebía, pero alcohólico no era, le gustaba la juerga, y siempre que podía disfrutaba de ella, lo que hacía que volviese la mayoría de los días bebido, pero si no salía, no era imprescindible para el emborracharse, era lo que se dice un bebedor social, con mucha vida social, eso sí.

Antonia, si algo consiguió, y dominaba a la perfección, era que se hiciese lo que ella quería siempre, tenía el poder de la manipulación, sabía utilizar a sus hijos, manipulaba a sus cuñadas, e, incluso, a pesar de todo, finalmente conseguía de Paco lo que quería. Sus sistemas eran varios pero había uno infalible, el miedo, todos teníamos miedo de sus enfados, de sus arrebatos, y lo peor era que todos, de una forma u otra, alguna vez, supimos que no tenía límite. Nos enviaba a sitios que no queríamos ir a hacer cosas que no queríamos hacer. Decir cosas que sabíamos mentira pero que ella nos obligaba a decir, a sus cuñadas las enredaba y acababan, siempre, ayudándola, conseguía de ellas ropa, bolsos, zapatos... de sus vecinas el respeto y la admiración por su "videncia y capacidades" y Paco resarcía sus culpas permitiendo obras, compras de muebles, cambios de ventanas e incluso vacaciones... Nadie le parecía bueno, y a todos utilizaba y, sin embargo, si algo oí repetir sobre ella fue:

- *Que simpática es.*

- *Que buena es, es tan cariñosa.*

Nunca nos abrazó, nunca nos besó, nunca hubo un regalo fuera de fecha, y, sin embargo, a pesar de ser mezquinamente manipuladora y descaradamente criticona consiguió, siempre, ser la buena de Antonia.

Esa mujer, con ese marido, y con cuatro chicos... es admirable. De puertas para dentro nadie sabe lo que pasa en una casa. Supongo que a mis hermanos les ocurriría lo mismo o peor o no les ocurría, pero no podría creer que hubiese mucha diferencia. Cuando comencé a salir con "mis amigas", esa edad en la que ya no sales a jugar con los niños del barrio, de los portales de al lado, ese momento en que tu mundo se abre y una amiga es de clase, otra es vecina de la de clase y otra no sabes como pero también forma parte del grupo, y quedáis siempre en un sitio y empezáis a mirar a los chicos, que, por supuesto, os miran a vosotras, pero que aún pasará un tiempo para que se unan el grupo de las amigas con alguno de los grupos de los chicos. En aquel tiempo, ahora lo recuerdo, creo que daba pena, pensar como permitía mi madre que vistiese, no por el aspecto, por lo miserable, sin ninguna necesidad, me desconcierta, y me desconcierta mas que mi padre fuese considerado una de las personas mas elegantes del barrio, de su circulo de amistades, de su trabajo, que mi madre comprase joyas y gustase de abrigos de pieles y permitiese que yo llevase un jersey, yo no tenia mucha ropa, entonces nadie tenia mucha ropa, un quita y pon entre semana y la ropa de los domingos, mas o menos, pues mi ropa de entre semana consistía en un pantalón, que siempre me ponía con un jersey que me había hecho mi madre, y que cuando llevaba media espalda hecha se quedo sin lana, no pudiendo encontrar de la misma tintada y que termino con un color aproximado, es decir, era obvio que estaba mal hecho, pero era mi jersey, entiendo porque mis profesoras me trataban con tanta condescendencia, porque si había que regalar un lápiz, o una goma de borrar siempre me la daban a mi, debía pareceres la pobre de la clase, si a eso unimos que mi ropa de la otra media semana consistía en un jersey, este precioso (para mi gusto) y una falda escocesa que yo misma había hecho en clase de labores, si, a mi me toco ese tiempo en el que las chicas estudiábamos, y la asignatura valía para la nota final, labores, y que, claro, como la había hecho una niña de unos trece años estaba mal cortada y la cinturilla se acabo descosiendo y me sujetaba la falda con un imperdible, una falda mal cortada, mal hecha, deshilachada... y mi vestido de los domingos también me lo había hecho mi madre, la parte de arriba prefiero no recordarla, pero la falda, la falda era de mucho vuelo, a mi eso me encantaba, ahora soy consciente de que nunca fue un circulo perfecto, por unos lados era mas larga que por otros, en un momento en que todas vestíamos igual, ya empece a ser diferente, y esto fue un año, podría seguir contando y hablando de mis modelos posteriores, creo que fui la primera en llevar falda-cinturón porque dado que un vestido me servía del año anterior seguí usándolo, eso sí, como había crecido, no sabia ni como andar porque solo al hacerlo se me veían las bragas, y yo, ignorante de mi, le comente a una compañera de clase

> - *Fijate, el cinturón el año pasado me quedaba por aquí (señalando la cintura) y ahora está arriba.*

> - *Claro, porque has crecido y te está pequeño.*

Ni lo había pensado, me lo dijo Ana, una compañera de clase, me sentí avergonzada, creo que no era consciente de lo que me decía pero si de como me miraba, y esa misma tarde, yo misma, descosí las trabillas del cinturón y las cosí más abajo, no quiero ni pensar en cómo las cosería, hoy coso bien, pero no creo que con catorce, quince años, fuese una costurera primorosa, es más, igual ni me fije en el color del hilo que use, vaya usted a saber... De todas formas, esta bien, hay algo que no tengo, vergüenza, pocas cosas me da vergüenza hacer, decir o ponerme, quizá fue bueno para mi. Ni que decir tiene que nadie me cosía los calcetines rotos, aprendí a doblarlos por la parte delantera antes de meter el pie en el zapato, para que no se me clavasen los agujeros en los dedos, ni nadie me cosía las bragas, esas me las apañaba yo como buenamente podía, no fuese que se me viesen y se viese algo indebido... Pero limpia, siempre iba limpia, porque eso si que mi madre lo valoraba mucho, los cristales muy limpios, y la ropa muy limpia, y los zapatos, que los limpiaba mi padre, con qué esmero lo hacía, y que orgulloso nos decía:

- *Mira, mira, parecen espejos.*

Y frotaba con la gamuza para que brillasen aún más.

Tan importante era el que dirán para Antonia que ocurrió que una tarde, en vez de cruzar la calle Alcalá, me habían enseñado a entrar por una boca del metro y salir por la de enfrente, mientras subía la escalera del metro un señor me cogió por los hombros.

- *Hola, bonita, ¿no te acuerdas de mí?, soy amigo de tu padre.*

Yo no conocía a ese señor, pero él insistía. Yo quería tirar para el colegio, y él me decía que fuésemos al cine, que había una película muy bonita. Yo que no, el tiraba de mi, y yo hacia el colegio... el hombre se dio cuenta de que llamábamos la atención, así que decidió seguirme la corriente, y cogiéndome de los hombros me acompañaba hacia el colegio, vio que había un parque y trato de llevarme hacia él, mientras empezó a darme besos, no puedo olvidar como rascaba su barba, trataba de evitar sus besos, y él tiraba de mí hacia el parque, me llevaba bien sujeta, no sabía cómo huir, no podía huir. Por fortuna, por la acera de enfrente acertaron a pasar la madre y la abuela de una compañera con ella.

- *No me imaginaba que el padre de Begoña fuese así* – comentó la madre.

- *Ese no es su padre* – dijo Ana

Creo que la abuela y la madre cruzaron sin mirar, me agarraron e increparon al señor. Él ni se como se justifico, ni lo que lo dijo, solo vi como se marchaba, y como ellas me llevaron a casa y hablaron con mi madre.... Mi madre solo se interesó por una cosa y me llevó al médico a comprobar mi castidad intacta. Me dio un par de bofetadas por tonta, más que tonta.

- *No te tengo dicho que no te fíes de nadie... Solo tu te vas con él primero que pasa.*

Como si yo me hubiese ido voluntariamente... Pero no iba a escucharme, con el disgusto que le había dado, eso era lo único importante, su sufrimiento, su disgusto, mi honra, que para ella era la suya, porque una hija suya tenía que ser honrada. Nunca supo lo que yo sentía, mi miedo, mi asco. Creo que ni siquiera pensó nunca lo que podía haberme pasado, alguna vez he pensado que, incluso, podía haber muerto, pero eso no era importante, al menos para ella, porque hay personas que si no les pasa a ellas, es como si no hubiese pasado, y pude ser violada, pude ser herida, pude... pero a ella solo le importo lo que a ella le hice sufrir. Una vez más era culpable de su sufrimiento, una vez más la iba a matar a disgustos, daba igual si yo pudiese haber corrido el riesgo de morir.

La casa le cansa, cocinar la aburre, los niños son un incordio... Oye la radio y hace cosas de las que se cansa al poco tiempo, plantar un jardín, hacer postres, hacer jerseys.

Entre sus críticas más rutinarias esta la que hace a su vecina de arriba por teñirse y teñir de rubia a su hija, lo cual no es comprensible, ya que ella misma decide teñir a Begoña, con el producto estrella del momento, "Camomila Intea", a Begoña le da vergüenza porque ella, tan morena, de un día para otro se convierte en "la-rubia-de-bote" y de ser líder pasa a ser risible, pero es impensable que se le hubiese consultado, sera y es lo que Antonia decida y ha decidido que quiere una niña rubia y así será hasta que, también, se canse de teñir a la niña.

Paquito ya tiene 13 años y le interesa la música, con unos compañeros del colegio montan un grupo musical. Cantan canciones de los *Beatles* y de la *Creedence Clearwater Revival*, su batería está hecha con cubos de detergente y el bajo, que toca Paquito, es una guitarra a la que quitan dos cuerdas. Le gusta de verdad la música, y decide que quiere entrar en el conservatorio. A Paco no le parece bien, eso no son estudios, eso es una mamarrachada. Durante un tiempo las broncas diarias dejan de ser entre Paco y Antonia, ahora también son entre Paquito y Antonia, entre Paco y Paquito y entre todos porque Begoña apoya a Paquito. Finalmente, Paquito lo consigue, va a intentar entrar en el conservatorio, por las tardes, tiene que acabar el bachillerato. Y lo hizo, acabó el bachillerato y aprobó su primer curso en el conservatorio, aún no estudiaba ningún instrumento, durante un año aprendió a leer partituras a conocer los tiempos, a hablar de música y con la música.

Paquito iba a empezar a estudiar contrabajo y, claro, lo lógico es que tuviese instrumento para tocarlo, aunque en el conservatorio disponen de ellos debería ensayar en casa. Su petición para que se le comprase uno provocó otra hecatombe familiar, el dinero en casa o era para gastos domésticos o era para vacaciones o era para Paco.

- *Necesito un contrabajo*

- *¿Un que?*

- *Un contrabajo, para tocar, es el instrumento que voy a estudiar*

- *Tu estas loco, un instrumento, eso de la música es una tontería que se te ha metido a ti en la cabeza y que no sirve para nada, déjate de tonterías y haz algo de provecho…*

- *Quiero estudiar contrabajo, no es una tontería, es lo que quiero...*

Paquito encontró la solución, se pondría a trabajar. A Paco no le gusto. A Antonia le pareció genial. Dinero.

Y encontró trabajo, en una sastrería, de repartidor, tenía que ir a los domicilios a entregar las prendas terminadas, solo había un requisito, tenía que llevar chaqueta.

- *Mamá, que si, que me cogen pero que tengo que llevar chaqueta.*

- ¿Chaqueta?, pues vaya trabajo, pues no te vamos a comprar una chaqueta... ya me dirás…

- Pues cómprame una chaqueta, cuando cobre la pago…

- Si hombre, comprarte una chaqueta... Espera, que lo vamos a arreglar...

Y lo arreglo, Antonia, le planta a Paquito una chaqueta de vestir que compraron a Begoña para un evento familiar. Paquito está hecho un adefesio con la chaqueta de Begoña y Begoña quiere su chaqueta pero estas cosas no tienen importancia para Antonia, Paquito se queda con la chaqueta, aunque se rían de él en la sastrería, donde, por supuesto, desde que le ven entrar hay cachondeo a su costa. Paquito lo pasa tan mal que lleva la chaqueta en una bolsa y solo se la pone cuando tiene que hacer entregas. Pero tiene trabajo, un trabajo que le permite comprarse un contrabajo y seguir sus estudios.

Mientras Paco toma whisky con sus amigos, Antonia café con sus amigas, Paquito estudia música y contrabajo.

Tito tiene un amigo, Albi, con el que pasa sus ratos, que son muchos, a Tito estudiar no le gusta, sale del cole y se va con Albi, vive cerca. Miguelito, ay, Miguelito, siempre ha sido algo diferente, sus hermanos no comprenden su lentitud, le cuesta algo más que a ellos entender las cosas, quizá el problema, con el tiempo lo entenderán, no es Miguelito, son ellos, entienden demasiado deprisa, quizá por eso les aburre estudiar, quizá por eso saben que están solos, que se tienen solo ellos... Miguelito duerme más que ellos y, eso ya, les parece raro. A ellos no les gusta dormir, el día es corto para todo lo que quieren hacer, siempre están haciendo algo, Miguelito es tranquilo, ellos son muy nerviosos, muy activos...

Ya de pequeño Miguelito era el objeto de sus capturas, era el prisionero en los juegos, el "la-ligas", el único niño contra el que un padre cobarde se atrevió, el padre del niño más cobarde tan cobarde como él mismo, no sabiendo cómo defender a su hijo ni cómo enseñarle a defenderle salió a la calle, harto ya, de ver a su hijo llegar llorando a casa y le lió a bofetadas con Miguelito mientras gritaba

- *¡Dejad en paz a mi hijo!.*

No le dio tiempo a más de dos bofetones, las madres que andaban cerca defendieron a Miguelito como si su propio hijo fuese. Y avisaron a Antonia, y ahí sí, ahí ella era madre-coraje, nadie iba a ejercer mejor que ella el papel. Fue a casa del padre cobarde y le grito, le insultó, quiso pegarle... Cuando había que defender, cuando había que gritar, cuando había que exigir, Antonia lo hacía y lo hacía mejor que nadie. Toda su vida supo defenderse, supo exigir, supo conseguir.

Miguelito no se quejaba, en una ocasión sus hermanos, jugando a los indios, le capturaron, le ataron a una silla, cerraron la puerta del salón y... le olvidaron. Pasaron horas hasta que su madre le encontró atado en la silla, los tres fueron castigados mientras el hermano que siempre fue víctima, compañero de mama, que no su preferido, les miraba con una sonrisa, no le importaban las horas pasadas en esa silla, le importaba que castigaran a los culpables... Miguelito, si hubiese sido nervioso sería igual que Antonia. Lo cierto es que Antonia intentó que sus hijos no estudiasen y empezasen a trabajar pronto. No obstante estudiamos, posiblemente yo fui la diferente, mis hermanos se decantaron más por el arte, la música, a mi me interesó la psicología, no obstante la estudié trabajando.

Comencé a trabajar muy joven, con dieciséis años, aprobé una oposición y entré en Telefónica. Lejos de liberarme, me complico mucho la vida, trabajar, estudiar, y, con esa edad, querer divertirme.

Por fortuna para Paquito, con el que me llevaba trece meses, volvieron a salir oposiciones para Telefónica y las aprobó. Ya que había que trabajar, que fuese cobrando y sin ir hecho un adefesio. Desde el bachillerato me había interesado por diferentes reivindicaciones, pero fue trabajando en Telefónica cuando comencé a militar políticamente, y no por contactos dentro de la empresa, fue por conocidos de mi barrio, amigos de pandilla, esto me llevó a militar, ilegalmente, en un partido político, La Joven Guardia Roja, las juventudes del Partido del Trabajo. Fue un tiempo en el que mi vida, fuera del trabajo, era estudiar en todos los sentidos, siempre estaba leyendo algo, mis compañeros de militancia y yo intercambiamos libros que devoramos, ansiosos por conocer otra forma de vida, hablábamos de la democracia, de la dictadura del proletariado, de Man, de la Unión Soviética... nos reuníamos y debatíamos en voz baja y en lugares recónditos: Alguna vez una pintada, bueno, bastantes veces, otras tirábamos panfletos, que recibía nuestro responsable político, intentábamos incorporar a más gente, éramos jóvenes en posesión de la verdad absoluta, políticos soñadores con una nueva España que íbamos a traer los rojos. En una ocasión, haciendo una pintada con un compañero, cuando habíamos puesto el principio de Antifascistas, apareció un coche del que se bajaron dos secretas, mi compañero me avisó.

- ¡Nos han pillado!.

El, yo creo que del miedo, se quedó clavado y yo, que no se de donde he sacado esa capacidad para saber reaccionar en situaciones límite, porque luego para otras cosas no se ni contestar, continué escribiendo, pero en lugar de poner ANTIFASCISTAS puse ANTONI, no llegue a escribir más,

- Carné de identidad

- ¿Qué pasa?

-¿Qué están haciendo?

- Es que el chico que me gusta pasa por aquí todos los días para ir a clase y estoy poniendo Antonio y un corazón y mi nombre.

- ¿Ustedes saben que lo que están haciendo está prohibido?

- No, no lo sabía, y tu, Gerardo, ¿lo sabías?

- No, yo no lo sabia, yo solo la he acompañado, esta muy loca, yo no lo sabía pero yo no quería hacerlo, solo la he acompañado porque somos amigos y siempre vamos juntos, y como somos vecinos....

Aquí el valiente de mi compañero bien que se quitó el muerto, yo trataba de poner cara de tontita, se me daba bien, pero lo cierto es que me estaba molestando mucho la actitud de Gerardo, vamos, que aquí si pasa algo que me lo coma yo…

En fin, por no extenderme demasiado, acabamos con una multa, bueno, de 5 pesetas, pero tuvimos que pagar, eso sí, esta vez no nos detuvieron. En el 75 la falta de libertad en España era un hecho obvio y que Franco siguiese en el poder era algo contra lo que muchos jóvenes (y adultos) luchábamos, necesitábamos la democracia, la pedíamos a gritos y como éramos capaces. Pero en mi casa no podía comentar semejante discurso, mi padre, totalmente falangista-pro-Franco y mi madre franquista hasta el tuétano.

Sin embargo, no siempre tuvimos la misma suerte, una de las veces que uno de los compañeros, que lo hizo solo, cosa que no debía hacerse, decidió lanzar pasquines al salir del instituto de Simancas, le interceptó la brigada político-social, "cayó", y los componentes de la célula, así nos llamábamos cada grupúsculo, fuimos siendo detenidos, a mi me toco el 11 de noviembre del 1975, estando trabajando me enviaron a llevar un sobre al Registro, que se encontraba en el edificio tan conocido de Telefónica, yo trabajaba encima de los, entonces, almacenes Sepu, donde Telefónica disponía de dos plantas y arriba, en la última, se encontraba, radio Madrid, y aunque el acceso a la radio era por otra escalera, era muy divertido desayunar en su pequeña cafetería y coincidir con famosos de la radio y algún cantante de moda... A eso de las 11, indefectiblemente, se oía, indefectiblemente, a través del patio de luces común, la sintonía de una de las radionovelas de moda en aquella época, y yo me acordaba de Antonia siempre, pues ella la seguía a diario. El sobre, creo, que era la identificación, se me pusieron dos señores, uno a cada lado.

- ¿Ana?

Temblé, ese era mi nombre de guerra

- *No, me llamo Begoña.*

Poco les importo.

- Acompáñanos

- No puedo, estoy trabajando, tengo que…

- Acompáñenos

Esta vez enseñándome una placa, que no recuerdo si era de policía o de la vacuna de la rabia, se que me convenció inmediatamente de que esta vez había caído yo. No se como, ni cuando, de repente estaba dentro de un coche negro, escoltada por estos dos señores en el asiento de atrás. Dirección General de Seguridad, entrada por la calle Correo. Y si algo hay reseñable de aquellos días, fue que mi padre, una vez enterado de que estaba detenida, se personó en la DGS, si, el si podía entrar y verme, abrieron el calabozo, y después de darme un bofetón, dijo:

- Hagan lo que tengan que hacer.

Lo cual, me protegió, porque nadie iba a tocar a la hija de un *"patriota"*, caballero Laureado y condecorado por sus servicios a la Patria.

Al salir de Las Salesas, donde me vio el juez, volví a encontrar a mi madre, mi sufriente madre, que lejos de preguntarme como estaba, me convirtió, hecha una hidra, en la causa de su vergüenza y sus males, por supuesto, si había una víctima, era ella, y si alguien era la encarnación del mal, era yo. Tanto es así, que a gritos me recrimino haberme caído de una montaña con quince años y haberme partido la columna, como si aquel accidente lo hubiese causado yo para hacerle daño. Por supuesto, el día de aquel accidente, cuando sonó el teléfono avisando de que estaba ingresada, su ser vidente ya sabía que algo me había pasado y era grave e, igualmente, la noche del día que me detuvieron soñó que iba a pasar algo terrible. Ella siempre lo sabía todo, lo que no acierto a comprender es porque ni avisaba ni lo evitaba… De poco sirvieron sus amenazas, de poco su enumeración de prohibiciones y castigos. Tras este paso yo no le perdí el miedo a ella, creo que perdí el miedo de tanto como lo tuve esos días, y he vuelto a pasarlo, sin duda, muchas veces en la vida, pero he aprendido a sobreponerme, lo que no conseguí, ni ese día, ni después, nunca, fue conseguir sentir que a mi madre le importaba yo, que tenía algún interés por lo que sentía, padecía o pensaba. Solo le importaba la distancia entre lo que ella quería y lo que yo cumplía de sus expectativas, y como solía ser poco, yo para ella eso valía, más bien poco, le era útil, siempre le fui útil, pero no querida. Y creo que fue desde ese momento desde el que empecé a comprender la diferencia entre necesitar y querer. Porque no sentí cariño, pero era necesario dar buena imagen, eso era lo importante y lo que se me pedía. Y, sin embargo el resto de mi vida, trabajé, aun sin ser consciente de ello, por importar algo a la señora Antonia. La suerte, si esto fue suerte, es que a los pocos días de mi detención, moría, en la cama, Franco. Primero me afectó el indulto. Después me afectó la amnistía. Y después, me dio un bofetón mi padre por querer estudiar, después de COU, psicología. Cuando plantee en casa, una noche, que quería estudiar psicología, fue la segunda vez que mi padre, en toda su vida, me puso la mano encima, mi madre lloraba, y lloraba porque quería estudiar, iba a ser como sus cuñadas, las hermanas de su marido, unas solteronas, unas golfas... Lo que no sé es porque mi padre se puso así, supongo que entre los indignados gritos de mi madre y un poco de alcohol, se lió todo un poco.

- *¿Estudiar?, tú te buscas un novio, te casas y asunto concluido.*

Eso era todo lo que la vida tenía que ofrecerme. Se trabajaba mientras no se casaba una, mira tu tía Conchita... como si haber seguido trabajando una vez casada fuese causa de que desease a otra mujer.

- *Y la Mari Pepa...*

Esta hermana de mi padre estaba soltera, enfermera en el hospital del Ejército del Aire, pero con fama de fresca, palabra muy del vocabulario de mi madre. Bueno, yo eso solo se lo oí a mi madre, así que, igual ni tenía esa fama, que sí lo era, soltera era, y deberle explicaciones solo se las debía a ella misma, pero fumaba como un carretero y era muy moderna vistiendo... Imperdonablemente ha sido mi gran defecto parecerme a las hermanas de mi padre. Incluso, cuando pase la menopausia, que engorde un poco de más, es porque era como ellas... Pero yo estudiaría. Quería sacarme el carnet de conducir, otra locura por la que mi madre puso el grito en el cielo. Pero empecé la casa por el tejado, primero me compre el coche, influenciada por un novio que tenía entonces, un noviazgo muy casto, la verdad, no iba a ir a una autoescuela, como él tenía carne me iba a enseñar él, las dos primeras clases fueron bien, gracias a mi tío Álvaro conseguí un 600D en muy buen estado, ideal para mi, pero en la tercera clase y en una curva me comí una farola entera, que golpe!. No nos matamos de milagro...

Arreglar el coche me costo casi los ahorros que tenía, y se me quitaron las ganas de conducir del todo, pero, siempre hay listos y aunque no contaré demasiado de lo listo que este era, Sebas, mi novio, desde entonces, dispuso de coche, y yo, el no trabajaba, pagaba los gastos de él. Por supuesto la señora Antonia no se enteró de esto nunca, de haberse enterado, me hubiese hecho más daño que la farola, pero nunca comento nada, de porque no me sacaba el carnet y conducía Sebas, nunca me preguntó, creo que no quería que lo hiciese, tal vez tampoco le parecía femenino, no lo se. Para disgusto de mi madre, me preparé para opositar y ascender, aprobé y me destinaron a Barcelona. Disgusto de mi madre pues ya no le iba a dar la mitad del sueldo para la casa. A ver, si me iba a Barcelona tendría que buscar casa, comer... en fin, se iba una boca y se iba medio sueldo y en la balanza la pérdida económica pesaba mucho... Me fui a Barcelona, más de un año, por supuesto viaje algunas veces a Madrid, y fue un tiempo de mi vida que contado podría resultar interesante, recordarlo, también, lleno de experiencias, anécdotas, aprendizajes... pero donde mi madre estaba fuera, no dominaba mi vida, no fui consciente, mientras lo viví, de que no estando ella oprimiéndome, imponiéndose, pude exprimir la vida, vivir y no sentirme culpable de hacerlo, porque cuando mi madre estaba cerca, siempre, me he sentido culpable, culpable de cada alegría, culpable de divertirme, culpable de vivir bien, culpable de existir, porque en ese tiempo nunca me repitió…

- *Cuando no te quiere ni tu madre... como tienes que ser.*

Frase que de vez en cuando lanzaba al aire, nunca me lo dijo directamente, mirándome a mí, pero, que soltaba de vez en cuando. Estando en Barcelona, hablaba con mi familia, más bien con mi padre, aproximadamente cada semana, superficialmente, no tenía gran facilidad mi padre para hablar conmigo ni yo con él, en realidad, teníamos pocos intereses comunes, y cuando hablaba de mi madre eran conversaciones muy insustanciales, quizá algún comentario sobre mis hermanos, que tal el trabajo, el tiempo, la verdad es que como nunca tuve una relación con ninguno de ellos demasiado íntima, menos la tuve cuando empezando a vivir, creía, como creen todos los jóvenes en esa época, que ellos no habían vivido ciertas cosas, y como se escandalizarían si supiesen lo que hacía. Mi padre, un vividor experimentado no se hubiese sorprendido nada de nada, es más, incluso podría parecerle un mojigata, mis grandes excesos entraban en la militancia política, y en que de vez en cuando bebía de más y fumaba algún porro, y eso no era, ni mucho menos a diario en Barcelona.

Con lo unida que siempre estuve a mis hermanos, sobre todo a Paquito y a Tito, que poca relación he tenido con mi madre y mi padre, aunque hayamos compartido vida. Un día me llamó mi padre, fue la primera vez que me trató como adulta.

- *Begoña, tengo que pedirte un favor.*

- *Dime…*

- *Necesito dinero, bastante dinero*

- *¿Y de donde saco yo dinero?, yo no tengo dinero, bueno, tengo algo ahorrado…*

- *Pide un anticipo de tres mensualidades, que luego te lo van descontando en dos años, en la nómina, y me lo mandas. A tu madre no le digas nada de nada.*

- *Pero yo no se como se hace eso.*

- *Yo te preparo todo y tú lo mandas a personal, a nóminas, y cuando lo cobres me das el dinero, estoy en un lío muy gordo, hija, tienes que ayudarme.*

- *Bueno, no se, pero, ¿me va a costar mucho dinero todos los meses?, que tengo que pagar la casa y todo…*

- No te preocupes, tú haces lo que te digo y me mandas el dinero. Se paga en dos años, ni te enteras. Yo te mando todo. Y yo luego ya te pagaré... ¿no te fías de mí?.

No, no se si era como lo decía, no sé si era que siempre lo supe... no confiaba en él. Sabía que no tenía ninguna intención de devolverme nada, que me estaba utilizando. Me sentí mal, me sentía estafada, sentía que me estaba engañando, y no podía ser, era mi padre, a mi no... Por fortuna, en el año 77 no había Internet, y todo debía enviarse por correo, en este caso por correo interno de la empresa, de esta forma, cuando hice la llamada rutinaria a mi madre, la que hacía de vez en cuando, me entere que mi padre era presidente de la comunidad. La comunidad había decidido hacer obra en la escalera, poner todas las puertas de los vecinos iguales, cambiar el suelo, encastrar los buzones... Dar un aire moderno al edificio, Para ello los vecinos pidieron un crédito, contrataron a una empresa de reformas y se pagaba firmando dos vecinos los talones de la cuenta de la comunidad. Se dio una entrada, para la compra de los materiales, lo normal. Todo iba bien, la obra empezó, pero cuando estaba terminándose la obra, el responsable de la obra pidió dinero para comprar unas persianas o que se yo... afortunadamente las puertas estaban cambiadas y prácticamente toda la obra terminada porque mi padre había falsificado la segunda firma, vaciado la cuenta y se había jugado el dinero, perdiéndolo, claro, porque hasta que no se quedaba sin nada no abandonaba el juego, nunca supo retirarse a tiempo.

Al enterarme de para qué quería el dinero, mi padre ya nos había hecho muchas, me indigné, me negué a ayudarle, a pedir dinero, que se buscase la vida, estaba harta, harta de la de veces que no he tenido, o he tenido que tener prestado, porque él se había jugado el sueldo, estaba tan enfadada que empece a desquererle, si siempre quise a mi padre, porque yo le quería mucho, empecé a alejarme de él. No, no le di dinero. Y no se como pago lo que robo.

Se que mi hermano Paco, supongo que desde entonces es cuando se hizo tan manitas, con un amigo, Carlitos, y con la inestimable ayuda de mi padre, que se limitaría a mirar, acabaron la reforma, no se si quedo algo sin hacer ni me importa. Se que si hay un momento en que todo hijo debe romper los hilos que le unen con su madre, yo está vez rompí el hilo con mi padre. No sé porqué me dolió tanto. De mi madre nunca esperé nada, pero él siempre había sido mi esperanza, y ya nunca volví a fiarme de él.

Mi madre vino, en ese año, un fin de semana a verme a Barcelona, fue un desastre. No le gusto nada Barcelona, no le gusto la casa compartida en la que vivía, mis compañeras de piso y mi compañero se esforzaron por limpiar la casa, por llevarla a todos los sitios visitables e interesantes, todo le disgusto y, la verdad, no sentí ningún dolor cuando vi marchar el tren en el que volvía a Madrid, me avergonzó delante de mis compañeros de casa, me levanto la voz en sitios a los que fuimos, me ridiculizó por como iba vestida... creo que fueron dos días eternos, llenos de angustia y desamor. Lo malo es que desde esa visita cuando hablábamos por teléfono ya si tenía algo que decirme.

- *¿Seguís con la casa tan guarra?*

- *Aprende a vestirte porque vaya fachas llevas.*

- *Vete a una pensión y vive como una señorita, no con esa gente que nada bueno te van a traer.*

- *Vaya camino que llevas.*

Cosas así, pero era así el cariño de mi madre hacia mi. No, mi madre era así con todo el mundo. Solo ella hacía las cosas bien. Aunque si quería a una persona, a mi hermano Tito.

Yo no quería volver de Barcelona, me gustaba la vida allí, y, a pesar de que tenía el traslado concedido a Madrid, renuncié a él. Pero el plan de Antonia no era ese, así que mi madre, se movió, hablo con sabe dios quién y no pude renunciar al traslado, se que lo hizo pues se jactaba de haberlo conseguido, no iba yo a vivir a mi aire, yo tenía que estar en casa, no se para que, cuando volví a Madrid, ni mi habitación era ya mi habitación, había pasado a ser la de una de mis hermanos y dado que la casa tenía tres dormitorios me vi en la necesidad, en la obligación, de dormir en el sofá cama del salón. Nunca entendí para que me hizo volver. No me quería, no me necesitaba y yo no quería estar ahí. Pasaron pocos meses y yo encontré un piso para compartir. Un drama.

- *¿Qué va a decir la gente?*

La gente, siempre la gente, prefería verme en casa sin un espacio propio, como un invitado que que la gente pensase que me iba por algún oscuro motivo, una vida en pecado, por supuesto. Pero me fui, y cuando alguien llamaba preguntando por mi, entonces no había móviles y si no me encontraban en mi casa, llamaban a casa de mis padres por si me localizaban, ella siempre decía

- No, no está, está en casa de una amiga.

Nunca reconocía ante nadie que no vivía en casa y me recriminaba no hacerlo. La casa en que vivía estaba muy lejos, así que me mude a una más cerca, en el barrio, y tras mi paso por Barcelona había desconectado con mis amistades, tanto que salía poco y leía mucho. Mis padres se compraron un vídeo, y muchas tardes las dediqué a alquilar una película e ir a verla a su casa, vivíamos cerca. Eso me acerco a mi hermano Miguel, y empecé a salir con él y con sus amigos, parábamos juntos. Y eso hizo que muchas noches, dándome pereza volver hasta mi casa, me quedase en el sofá del salón, a veces los hermanos nos quedábamos charlando, e incluso fumando un porrito.

El recuerdo de los cuatro juntos, tan diferentes, pero hermanos, afectuosos entre nosotros, me hace olvidar lo solos que estábamos, solo nos teníamos a nosotros mismos. Si teníamos madre y padre, pero ni una madre cariñosa ni un padre protector, no nos habían abandonado pero no era mucho más que conseguir que viviésemos limpios y alimentados lo que recibimos. Ni grandes charlas sobre la vida, ni consejos sobre caminos a seguir...

pero teniendo a mis hermanos, el mundo era agradable.

Empezó Antonia a tener crisis asmáticas, de tal intensidad que teníamos que ir al hospital, lo cierto es que parecía que iba a morir en cada una de ellas. Yo cambié de casa, me compre una, mi padre me dio el dinero de la entrada, y yo, por si me pasaba algo, la puse a nombre de mi madre, también.

Mi hermano Paquito, se había ido a la mili, el servicio militar, entonces de obligado cumplimiento, y al volver, directamente decreto la señora Antonia que ya que yo tenía dos habitaciones que se fuese a vivir conmigo, porque ella había decidido tener su propia habitación y no iba a volver al dormitorio marital. Así que Paquito se vino, por decisión materna, a vivir conmigo. Ella decidía, hacía y deshacía, y yo no me negaba, necesitaba parecerle buena y nunca se lo parecía.

Mi convivencia con Paco fue buena hasta que dejó de serlo, como hermanos nos unió más de lo que siempre estuvimos, pero a él no le gustaba el chico con el que yo vivía y eso a largo plazo fue un problema. Entre Paquito y yo las conversaciones eran largas, profundas, íntimas. Juntos estábamos bien, pero no hubo suerte con las parejas que elegí ni con las que eligió, siempre nos separarían. Aun así él y yo, siempre, tuvimos una excelente relación. Paquito decidió irse a vivir con un amigo, pero no pasó una semana y mi madre decidió que Tito debía vivir conmigo, lo cierto es que salíamos juntos normalmente y compartíamos amigos, juergas, porros y otros vicios. Así que, la señora Antonia, le mandó a mi casa a vivir. Me iba mandando de uno en uno a sus hijos, ella la madre amante, la buena madre, a mi la mala hija, y yo los acogía, la verdad es que con gusto, siempre me gusto tener gente en casa y con mis hermanos me encontré siempre bien.

La época de la convivencia con Tito fue en la que más crisis asmáticas tuvo mi madre. Una época plena, llena de gente, diversión, estudios, creo que esos años fueron de los más felices de mi vida, lo que sí es seguro es que fueron muy divertidos e intensos y cuando más estudie en mi vida, hay edades para todo, y en aquella época podía con todo, hasta con mi madre. Pude tanto que hasta fui como me dio la gana ser, Tito y yo nos movíamos en ambientes punk, eran los 80, la movida, y obviamente nuestra forma de vestir, nuestros peinados, no gustaban a nuestra madre, pero todo era culpa mía, estaba siendo una mala influencia para Tito, como no.

Paquito, que ya había conseguido una pensión de gran invalidez, no por suerte, por enfermedad, esa que le llevó a morir con 42 años, compró una casa en Malasaña, punto de encuentro de tres de los hermanos, nos veíamos con frecuencia y nos llevábamos bien, Paquito tenía un vecino que era conocido de Tito y se convirtieron en inseparables: Manolo y Paco, parece el título de una serie de humor, pero fue una relación que salvó a ambos de la soledad y el tedio.

Curiosamente cuando Paquito dejó Malasaña dejamos de saber de Manolo pero... son cosas que pasan. Cada vez que, Antonia, tenía una de sus crisis, no dejábamos de ir al hospital, nunca dejó de estar allí alguno de sus hijos, quizá a Paquito le molestaba más que a ninguno, y se quejaba de ello, pero íbamos, porque su marido no se acercaba a urgencias ni la acompañaba nunca, mi padre se quedaba sufriendo en casa, si es que sufría algo más que hambre porque no ponía mucho interés ni en saber cómo estaba, ni siquiera llamaba para preguntar por ella. Llegó a estar días en la UCI en alguno de los ingresos y ni aun así mi padre fue a verla, nunca fue. Pero en aquella época a mi me diagnosticaron una pielonefritis, y con frecuencia, prácticamente cada mes, acababa ingresada en la planta décima del hospital de la princesa, ahí no fue ni mi padre ni mi madre, mi madre, claro, estaba tan delicada que no podía ir a verme... afortunadamente, en aquella época no faltaron nunca amigos que me arroparon y cuidaron, y mis hermanos, sobre todo Tito.

Por aquella época, Antonia, decidió cuidar del jardín frente a su portal, plantaba flores, lo atendía, tuvo un año, incluso dos, en los que se dedicó a la jardinería en su pequeño espacio, le hacía feliz ver bonito ese espacio al salir de su casa o al asomarse a la ventana. No tenía macetas en casa, ni una planta, pero cuidaba de ese pedacito de terreno que se había adjudicado como propio, dentro del jardín propiedad de la comunidad. Y lo atendía con mimo. Hasta que se cansó.

La vida de Antonia era tranquila, salvo sus episodios de asma, vivía con Miguelito y Paco, ya jubilado y con sus fantasmas, la cuestión es que Tito volvió a casa de Antonia. La convivencia entre Tito y Miguel no era cómoda, o al menos a Tito no se lo resultaba, pero fue poco tiempo, el suficiente para descentrarse todos en la casa, para que Antonia me llamase cada día quejándose porque Tito había dejado de vivir conmigo, yo era la culpable de que su casa hubiese dejado de ser ese remanso de paz en que se había convertido. Pero

Tito no iba a volver a mi casa, Tito se fue a Alcobendas a vivir con Reyes.

La verdad es que a Antonia Tito no le sobró nunca, pero no soportaba que le alterasen su paz, y Tito no era paz lo que vivía, precisamente, aunque era cumplidor en su trabajo, y se buscaba la vida, cuando llegaba la hora de divertirse, perdía la noción del tiempo y cruzaba cualquier raya roja metiéndose lo que se terciase o bebiendo lo que hubiese u ofreciesen. Tito enamorado de vivir, quería disfrutar de lo que la vida le diese, en eso se parecía mucho a su padre. Quizá por eso ella quería a Tito, porque siempre dijo:

- Los hijos vienen, pero a quien hay que querer es al marido, porque ese le has elegido tu y es para siempre.

Y como Tito era como fue Paco puede que en él fuese capaz de volcar todo el amor de madre que era capaz de dar. No llevaban mucho tiempo viviendo juntos Tito y Reyes cuando ella quedó embarazada. Tito no se portó bien con Reyes. No estuvo con ella. Yo tampoco, no tenía una gran relación con Reyes y lo cierto es que no estuve a su lado. Pero nacieron los niños, niño y niña y eso hizo feliz a Antonia, lo que no había sentido por sus hijos lo sintió por su nieto, especialmente, Jairo era su felicidad, su alegría, el centro de su universo se convirtió en Jairo. Para ella que Jairo tuviese hemofilia fue un mazazo, no sabía colocarlo, no podía entenderlo, temía cada cosa que hacía, le costó asumir lo que sus padres decidieron desde el primer día, que tenía que vivir con ello, que no se le podía hacer una jaula y meterle dentro.

Para su suerte, fines de semana e, incluso, pequeñas temporadas, los mellizos se quedaban en su casa, llegó a comprar de todo para proteger a Jairo, una chichonera, rodilleras... útiles que ni él quería, ni servían de mucho, Jairo era muy activo y, además, no quería esas cosas que le ponía la abuela. La verdad es que Antonia revivió cuando Jairo llegó a su vida, y así fue hasta el fin de sus días. Cuando llegaban los mellizos a su casa, me gustaba ir a verlos, salir con ellos al parque. Miguel, también, disfrutaba de ellos y con ellos. Aunque para mayor comodidad, generalmente, acababa llevándome a Nerea a mi casa. Noemi, la mayor, solía ir a casa de sus abuelos maternos.

Lo cierto es que los nietos de Antonia eran preciosos, agradables, era muy fácil quererlos. Aunque quizá es porque eran familia... Antonia en esa época vivía para que a los niños no les faltase de nada, y me fue implicando cada día más en ello, yo me había sacado el carnet de conducir y le servía de chófer para llevar compras que hacía a Alcobendas, y aprovechando que llevaba la compra se traía a los niños, siempre fue hipocondríaca, y nosofobica (temía las enfermedades), por lo que continuamente me hacía llevar a Jairo al hospital de La Paz, donde atendían su hemofilia, la mayoría de las veces sin ninguna necesidad, pero no podía soportar que al niño le pudiese pasar nada.

Paquito, que a pesar de su minusvalía, ya no podía andar sin ayuda, y utilizaba muletas, no dejaba de tener relaciones afectivas, y, finalmente, para mi disgusto, para el disgusto de Antonia y para que el futuro le fuese más difícil, se fue a vivir con Coral. Vendió su piso de Malasaña y compraron un noveno, si, genial, dos minusválidos viviendo en un noveno. De nada sirvió cuanto se les dijo, ellos siempre aducían que el edificio tenía dos ascensores... hasta que un día no funcionó ninguno... y se plantearon vivir en otra casa. Coral, que apenas nada, mi hermano consiguió que gestionase una mínima pensión, que era asistencial, para ella, vivía con el convencimiento de tener dinero ilimitado, despilfarraba y aspiraba, siempre, a lo ostentoso, a aquello que le parecía "elegante", quiso un perro, de raza, claro, y Paquito lo compro, no fue la primera vez que por esto me enfade, habiendo perros sin raza y con raza para adoptar no me parecía lo más adecuado, máxime cuando me dejaba media vida en protección animal... Cambiaron de coche, un cochazo, adaptado, aparente y enorme... a la medida y gusto de Coral, el pequeño que tenían era poca cosa. Y encontraron un chalet de planta baja en la provincia de Toledo, por supuesto a estrenar. Y allí, donde ni farmacia había, pero a un chalet, decidieron ir a vivir dos personas limitadas físicamente, a ochenta kilómetros de Madrid, sin nadie conocido en los alrededores.

Por supuesto se casaron. Al poco tiempo Coral estaba embarazada. Elga nació por cesárea un 5 de enero, su madre, al parecer por efecto de la anestesia, o ya estaba así, manifestó esquizofrenia paranoide. Rechazo a la niña, no quiso darle el pecho, ella no había parido ese monstruo. La niña nació en Madrid, cerca de mi casa, Paquito dormía en casa y allí dejó a su perro mientras Coral estuvo en el hospital.

Una de las tardes me acerqué con Tibu (el perro se llamaba Tiburcio), y Coral se asomó a la ventana a verlo, estaba emocionada, disfruto de verlo y se que fue feliz. Me lo agradeció, y a mi, Coral, creo que jamás me agradeció ninguna otra cosa, Mientras la niña estaba en la zona de incubadoras porque tenía bilirrubina, Paquito y yo nos pasábamos horas mirándola, a Paquito le dejaban pasar a darle el biberón, Una mañana, Paquito, apareció en mi casa, como loco, aun no me había levantado, así que era muy pronto, querían quitarle la niña, los servicios sociales dudaban que pudiesen cuidar de ella y dado el estado mental de Coral les sugerían que la entregasen para adopción. Corrimos al hospital, llamamos a Paloma, nuestra eterna abogada y amiga, y, no sin trabajo, todo quedó en agua de borrajas, nadie quitó a nadie la niña, que saldría del hospital con sus padres y a Toledo.

En este tiempo, Antonia, visitó a la niña, la conoció, y solo hizo un comentario, mirándome a los ojos.

- *Has tenido una niña.*

A veces dudo si Antonia era, realmente, capaz de acertar el futuro. Y Antonia, cuya vida, los fines de semana, desde que Paco se jubiló, no podía llenar de conocidas, ya que una señora se debía a su casa, a su marido... comenzó a utilizarse, y yo a dejarme, con tal de sentir que le era necesaria, que contaba para ella y, aunque hubiese dormido dos horas, cada sábado, a las 9 y media tomábamos un café y hacíamos compra, primero pescado en una pescadera extraordinaria, pescado bueno, fresco y a un precio muy asequible, había que ir muy pronto, cuando Antonio aún estaba colocando el producto, luego las colas eran de una hora o más, solíamos ser de las primeras y comprábamos para toda la semana, después a la fábrica de Dagu, la pollería, a por productos de allí: contramuslos, higaditos, huevos, alitas... lo que cada semana apetecía y para toda la semana. De allí al mercadillo, fruta, verdura, en el mejor puesto, pedíamos vez y dábamos una vuelta, una faldita, unas deportivas para los niños, unas sábanas... siempre caía algo... corriendo, a llevarlo todo a casa.

Dejaba a mi madre, colocaba mis cosas y a por ella, a limpiar la casa de Paquito y Coral, ¡que palizas!, Todos los fines de semana, un repaso a la casa, ellos se iban con la niña, nos ignoraban, pero dejaban que recogiésemos y limpiásemos, poníamos lavadoras, tendíamos, recogíamos la cocina, el salón, el baño... y de vuelta, ya casi muertas y sobre las cuatro comíamos en algún bar de carretera, pagaba siempre mi madre, la verdad. Yo pagaba la gasolina. Entonces no iba los fines de semana al albergue, de voluntaria, iba a limpiar y ocuparme los miércoles y un viernes cada cuatro. Si no hubiese sido imposible. Así pasé años. Escuchando mientras la eterna queja de mi madre, porque su conversación era lo malo que era todo el mundo, lo buena que era ella, yo tampoco era buena, que pintas, que vida, cuidar animales... No me arrepiento de un solo día de aquellos sábados, ayude a mi madre, a mi hermano, a mi sobrina, pero no recibí, nunca, cariño, ni agradecimiento, siempre hacía algo mal, o tardaba, o no limpiaba bien, o conducía mal, o algo en la semana no había hecho correctamente, pero yo callaba, aguantaba y no se si me sentía bien o mal, estaba con mi madre, era todo lo que de ella podía conseguir.

Una vez me rape la cabeza, cuando a las nueve y media bajó del autobús, se dio media vuelta y se marchó, tuve que ir a buscarla, accedió a ir conmigo por la compra y lo demás, pero es imaginable la mañana de reproches que viví. Y yo callaba, y no la contradecía. Luego lloraba. No entendí nunca porque no podía ser buena hija. Porque no podía tener una relación de madre e hija como otras personas tenían. No le gustaba, eso era obvio, pero trabajaba tanto para gustarle. Eso si, no me iba a vestir como ella quería, eso era imposible, afortunadamente, habían líneas rojas que no traspase más que en contadisimas ocasiones. Baste un ejemplo, fueron demasiadas ocasiones...

Es curioso cómo una persona a la que pocas cosas se le han puesto por delante, puede ser tan incapaz de enfrentarse a su madre, que poder ejercía sobre mí la malquerencia o, sencillamente, que no me quisiese, que capaz de enfrentarme a ir a prisión por luchar, a grabar con cámara oculta en lugares inenarrables, saltar vallas por robar animales, cantarle las cuarenta al más pintado, no callar ante una injusticia, exigir mis derechos llegando hasta donde ha sido necesario... a ella no, a ella nunca pude más que intentarlo... Al final, siempre, le pedía perdón, y conseguía de mi todo lo que quería, que no era otra cosa que utilizarme.

Si, lleve la vida que quise, luche por causas que me parecen justas, defendí lo que considere debía ser defendido, pelee, perdí, gane, aprendí, pero con ella nací perdiendo, con ella perdía cada día y solo vestirme como me dio la gana, fue mi única rebeldía frente a ella, nunca supe decirle que no, todo lo que me pidió se lo di, todo lo que creí que quería se lo trate de conseguir... yo solo quería que me quisiese. El tiempo pasaba, fines de semana en los que los mellizos, que muchas veces recogía Antonia, lo pasaban en su casa, aunque en cuanto llegaban me liaba para que me hiciese cargo de Nerea, no me desagradaba, la verdad, Noemi, normalmente iba a casa de sus abuelos maternos.

Visitaba con frecuencia a Paquito, la casa cada vez estaba más abandonada, el huerto, el jardín, tenían una gata, querían otro perro, les conseguí una perra de la protectora, el salón lo convirtieron en vivienda, todo estaba allí, la cama de matrimonio, la mesa de estar, los útiles de pintar, el piano, aquello era como un estudio desordenado, pero ya lo recogíamos los sábados... La niña, tímida, silenciosa, no hablaba con nadie, se escondía. Como no cuidaban de los animales, afortunadamente, la perra que les entregue estaba esterilizada, un día la gata se puso de parto en la habitación de la niña, que más que una habitación de niña parecía el almacén de recogida de donativos para niños.

- *Papa, gata hijos por el culo...*

Paquito supo que la gata estaba pariendo. Me lo contó, le dije que le hablase de que era exactamente, pero que la niña necesitaba más estímulos y más socialización... calló. Paquito decidió que fuese a la guardería y empezó a llevarla, en realidad él, que ya estaba en silla de ruedas, Coral, desde el parto también, era imposible que pudiese con todo. Coral vivía en un mudo personal, lleno de reproches, de *"yo me merezco..."*, era, en el fondo, tan parecida a Antonia. Era imposible que se pudiesen llevar bien. Un día mi hermano me llamo:

- Bego, ven rápido, Coral quiere desvirgar a la niña con un cuchillo. Estoy encerrado en la habitación de la niña.

- Llama a la guardia civil. Ya voy para allá.

Cuando llegué Coral estaba, en presencia de un juez, con camisa de fuerza, y una ambulancia esperaba para llevarla al psiquiátrico de Toledo. No sé si me conoció. Me lleve a la niña conmigo a Madrid. Mi madre, solo dijo:

- Mejor, así no hay que ir a limpiar.

Coral estaba enferma, Paco a su lado, la quería. Cuando le dieron el alta buscaron un piso en Moratalaz. La niña iba allí a una guardería, la segunda a la que iba, se adaptaba a mis horarios de trabajo y me pillaba de paso para ir al trabajo. Comenzó el calvario Paco-Coral-Bego, pero como aquí la importante es Antonia, baste decir que esto nunca fue un problema de ella y nunca se implicó más que para hablar mal de Coral, quien, curiosamente, padecía la misma enfermedad que ella, esquizofrenia paranoide.

Cierto que Coral hizo tantas cosas que sería motivo de un libro pero no es aquí donde todas deben ser contadas. La niña vivía conmigo y no podían sacarla de la guardería sin mi permiso, aunque iban alguna vez a la salida y merendaban con ella, y algún fin de semana iba a pasar el día con ellos. Paquito la quería y velábamos porque no hubiese problema.

Elga, quería a su madre. Pero Coral y Paquito debieron separarse, Paquito fue a casa de mi madre y llegamos a un acuerdo para que pudiese estar con la niña, de lunes a jueves y fines de semana yo, salvo el domingo que veía a su madre.

Miguelito hacía poco que había decidido vivir independiente. Antonia, le dijo a Paquito que era mayor y su padre le daba mucho trabajo, que se buscaran una casa. Mi hermano, enfermo, triste (separarse de Coral no fue fácil, la siguió queriendo siempre), con una niña... Buscamos un bajo, donde le fuese fácil vivir con la niña, no lejos del colegio, donde poder acceder fácilmente desde mi casa. Antonia ya volvía a ser feliz, sin hijos ni nieta de la que ocuparse, otra cosa era Jairito, su Jairito, ese siempre tenía sitio en sus casa.

Paquito encontró una casa en la Concepción, un bajo. Simultaneábamos el cuidado de Elga y conoció a una sinvergüenza que posteriormente le saco hasta el piano, pero, de nuevo es otra historia. La enfermedad de Paquito avanzaba y hubo que buscar una persona que viviese en la casa, lo que se llama una interna, ayudar a Paquito era difícil y al final hubo que contratar a un hombre que tuviese fuerza para sentarle en la silla diariamente: Desde el primer momento, las personas que se contrataron, eran personas brasileñas, solicitábamos, siempre que se legalizase su situación en el país y les dábamos de alta en la seguridad social. La primera vez que fui a dar de alta en la Seguridad Social a una trabajadora, a Elisabeth, al llegar a la oficina me dirigí a información.

- *Buenos días, ¿para dar de alta a una persona de servicio doméstico?.*

- *Tiene que venir su jefe.*

- *¿Mi jefe?*

Me resultaba absolutamente incongruente tener que decirle a mi jefe de Telefónica, que fuese a la oficina de la seguridad social de Ciudad Lineal... además, ¿como se lo pedía?

- *Si, tiene que venir su jefe.*

- *Pero... ¿cómo le digo a mi jefe que venga?*

- Señorita, ya le he dicho que tiene que venir su jefe, no puede hacerlo usted.

- Yo, ¿por qué no puedo hacerlo yo?. Es que mi jefe no tiene nada que ver con esto.

- Hombre, será él quien le dé el alta, ¿no?.

- Perdone, pero soy yo quien quiere dar de alta a una persona.

- Uy, perdone, coja un número, y espere a que salga en la pantalla.

No sé qué aspecto tenía, ni tengo, o llevaba ese día, pero, obviamente, había pensado que la señora de la limpieza era yo... no me sentí molesta, solo que yo pensaba que era elegante... Una mañana de domingo mi padre se cayó al suelo, mi madre me llamó a casa, cogí el coche y salí disparada. Cuando llegue, llegaba la ambulancia, consideraron que debían llevarle al hospital pues podía haberse roto la cadera y había que hacerle una radiografía. Yo tenía en casa gente a comer, había hecho la comida y allí se habían quedado. En casa de mi madre estaban mi madre, la Señora Antonia, y mi hermano Miguel.

- Puede venir alguien en la ambulancia con él.

- Yo tengo muchas enfermedades, no puedo irme con él – respondió rápidamente la Señora Antonia.

- Yo estoy sin vestir y me tengo que duchar... uff - comentó Miguel.

Todas las miradas recaen en mí.

- Tengo gente a comer en casa…

Al final me fui con mi coche detrás de la ambulancia. Por supuesto la gente en mi casa comió, sacaron a mi perra, Paquito estaba con Elga y yo en el hospital, con el inconveniente de que no tenía, entonces, móvil, y todo lo tuve que solucionar llamando desde el teléfono público que había en urgencias del hospital. Al cabo de cinco horas por megafonía llamaron a los familiares de Francisco, mi padre, por fin!. Cinco horas en urgencias.

- Buenas tardes, ¿familia de Francisco?.

- Si, soy su hija.

- Bueno, Francisco se está muriendo…

No sé si siguió diciendo algo más, no recuerdo que dijo, ni recuerdo haberme enterado de otra cosa que no fuese "muriendo".

- Perdone, perdone, mi padre ha venido aquí porque se ha caído, para ver si tenía una fractura de cadera...

- Si, pero se le han hecho analíticas y el resultado de estas es el que le comentó, su padre se está muriendo.

- Pero, vamos a ver, ¿cómo se va a estar muriendo por haberse caído?, no lo entiendo.

- Su padre se ha debido caer porque está muy mal, no está mal por haberse caído.

- ¿Y de qué tiempo hablamos?

- Horas, días...

- ¿Meses?

- No, meses no, días, y le vamos a dejar ingresado.

No podía creérmelo, no entraba en mi cabeza, no podía ser, quería creérmelo y trataba de escuchar a la doctora pero mi cabeza pensaba, asumía, escuchaba y negaba, no podía ser, no podía ser.

- Esta noche no le vamos a dar habitación, pase a verle, un momento, si quiere, y mañana le pasamos a una habitación, llamen a este teléfono para que mañana les informen.

Mi padre se quedó en el hospital, llamé a mi madre. Y al día siguiente fui a ver a mi padre, nadie más podía. Al día siguiente no fui a verle, tenía prote, y al día siguiente cuando fui al hospital la enfermera me preguntó, no muy agradablemente, si este señor no tenía familia, porque estaba casi todo el día solo, yo le dije que yo me responsabilizaba de mí, del resto de mi familia...

- Ya, pero ¿solo la tiene a usted?

- No, está casado y tiene hijos, pero no pueden venir.

- Es que este hombre no puede estar todo el día solo.

- Ya, pero yo tengo trabajo, ocupaciones, y solo he faltado un día, hago lo que puedo.

- Pero, el resto de su familia…

No quise seguir con la conversación y ella no se si entendió, yo entendí que mi padre se moría y mi madre no estaba con él. Al día siguiente mi madre y Miguel fueron a verle. El sábado había quedado con amigas y pedí a Tito que fuese a ver a mi padre para que fuese alguien, porque dos días seguidos mi madre no iba a ir. Tito fue con toda la familia y yo pasé la tarde con mis amigas. No recuerdo si al día siguiente o dos días después, estando con mi padre, falleció. Llame a mi madre, a mi hermano, que me cogió el teléfono mi cuñada, y a la hora estaba mi madre ahí.

- *¡Ay, Paco, que no me has esperado para morirte estando yo!.*

Mi madre por supuesto de riguroso luto y llorando a todo llorar… Mi madre recuperó su vida y se hizo su grupo de amigas con las que empezó a quedar y a salir, las tardes eran de amigas. En mayo, apenas dos meses después, el día de la madre, todos los hermanos nos acercamos a ver a mi madre a la hora del café, la pobre, ahora viuda… Flores, bombones, los nietos, los hijos… La señora Antonia empezó a sacar copitas, para los adultos, las llenó de anís.

- *Bueno, os dejo, tomaros esta copita que yo he quedado con mis amigas.*

Se fue por una chaqueta y se marchó. No se si nos tomamos el anís, no se quien reaccionó primero, nos fuimos al cine con los niños, por lo menos ellos lo pasaron bien. Poco a poco Paquito iba empeorando. Paquito tuvo un desamor. Un domingo, volviendo de un curso. Me solía apuntar a cursos que se realizaban en fines de semana, sábado y domingo, era la forma de seguir estudiando. Me gusta estudiar. Me avisó mi madre de que tenía que ir por Elga, que Paquito había intentado suicidarse, la niña estaba en casa de Paquito con la cuidadora de ese momento. Fui al hospital, Paquito estaba fuera de peligro, pero antes pasé a tranquilizar a Elga que me contó lo ocurrido, su padre le había pedido a ella el bote de pastillas.

- *Tráeme las pastillas que están en el mueble del salón.*

Cuando Paquito se quedó medio inconsciente Elga salió corriendo a llamar a la abuela, vivía cerca, no teníamos móviles, yo estaba de curso, la abuela llamó a una ambulancia, fue con la niña a la casa, la ambulancia se llevó a Paquito y ella dejó a la niña en la casa con la empleada. Elga estaba aterrorizada. Sola.

La cuidadora era absolutamente impresentable, por supuesto se fue al día siguiente. No cuidaba de Paquito, obviamente. Solo tenía que ocuparse de él y de la niña cuando estaba y no fué capaz ni de eso. Le dije a Elga que iba a ver a su padre y que volvía por ella.

Fui al hospital, pregunté, no estaba mal, le darían el alta al día siguiente. Solo le dije una cosa y nunca cambié de opinión.

- Elga no vuelve a tu casa. Me la llevo y te la llevaré a verte. No te perdono lo que le has hecho y yo no juzgo a nadie pero no tenías derecho.

Elga pasó a vivir conmigo ininterrumpidamente hasta el día que se fue a vivir, por primera vez, con una pareja. Miguel se fue a vivir solo a Lavapiés. Los niños ya no iban los fines de semana a casa de la abuela, ahora venían a mi casa, dormían en la habitación de Elga.

La señora Antonia vivía feliz, sola, con sus amigas. Su única responsabilidad era ella, su casa, su ropa. Las tardes las pasaba con su cuchipanda, merendaban juntas y se contaban sus cosas, yo la veía, cuando hacía buen tiempo, en la terrazas del parque, al pasar volviendo de ver a mi hermano Paco, todas las tardes íbamos a verle Elga y yo, salvo que Elga tuviese un cumpleaños o un evento, entonces la dejaba en el, me iba a ver a Paquito y luego la recogía.

Mi vida cambió, trabajo, piscina, niña, Paquito, la perra y los fines de semana albergue y domingo de cierto relax, solo los domingos por la tarde, hasta recoger a Elga a las nueve, pues veía a su madre, tenía tiempo mio. Antonia de vez en cuando visitaba a Paquito, no a diario, claro, Paquito vivía con un cuidador, yo me ocupaba del resto. Cambie de coche, cada vez eran más frecuentes sus idas al hospital y la ambulancia le recogía rápido, pero para volver eran horas de espera, así que para que no se quedase horas esperando, él y Fabio, en ese tiempo y estaba Fabio viviendo con él, compre un monovolumen donde cabía su silla y desde el hospital podíamos volver con la silla de ruedas. Algunas veces se quedaba ingresado. Un día, que estaba ingresado Paquito, Elga no tenía colegio y para poder ir a verle tenía que dejarle en casa de Tito, Tito me dijo que ya que iba a verle se venía conmigo, en vez de ir en mi coche el se fue en su moto, le paró la policía municipal y no tenia pagado el seguro, le inmovilizaron la moto, se tuvo que venir conmigo a ver a Paquito y como yo tenía que volver por Elga ya le volvía a traer a su casa, pero me sentí culpable de lo ocurrido. Siempre me siento culpable de todo lo malo que ocurre. Varias veces nos dijeron, a Fabio y a mí, que se iba, pero siempre se recuperaba. Un día, me llamo Fabio al trabajo a eso de las once de la mañana.

- *Tienes que venir.*

Lo supe, solo escucharle supe que ya no había más. Era viernes. Me ocupe de todo y ya, a eso de las ocho de la tarde, fui con M.C a decirle a mi madre que mi hermano había muerto. Le dije que se venía a dormir a mi casa, no quise funeral, al día siguiente, directamente fuimos al crematorio, Paquito ya no tenía amigos y quien quisiese tomarse algo con quienes le quisimos que viniesen a mi casa.

Elga no estaba, estaba de campamento. Y, al fin y al cabo, yo fui quien estuve con Paquito, yo decidí. No quiero recordar, no quiero escribir sobre ello. La verdad es que me acompañó mucha gente. No la Señora Antonia, que quería vivir su duelo con sus amistades y vecinas.

En mi casa no lloro, no hablo demasiado. Después si, después lloraba a diario, no delante de mí, pero sé que lo hacía con todo el mundo, con vecinas, amigas, con cualquiera que quisiera escucharla. Mi madre no sabía donde estaba enterrado su hijo, en un columbario. Ni siquiera estuvo cuando le metimos en el.

Pasados dos años, más o menos, Tito se fue a vivir a casa de mi madre, ocupando la antigua habitación de mi padre. Se había separado y, aunque estuvo viviendo en una casa compartida en Hortaleza, no estaba bien, él no era consciente de tener la misma enfermedad que Paquito, decía que tenía algo en la cabeza y tenía la esperanza de que le iban a curar. Pero tenía adrenoleucodistrofia. Mi madre me llamaba, no estaba contenta con que Tito estuviese en su casa y pretendía que le dijese que se viniese a vivir conmigo.

- *Yo estoy mayor, no estoy para tener que cuidar a nadie.*

- *Mamá, yo trabajo, tengo la niña, mis cosas, y es tu hijo.*

- *Pero siempre os habéis llevado muy bien y los niños van muchos fines de semana a tu casa.*

- *¿Y qué?. Es que te guste o no, esa es su casa, y esta es mi casa. A los niños ya los verá si vienen. Ya iremos a tu casa o le aviso.*

Si Tito hubiese venido a mi casa, por supuesto que le hubiese acogido, mi puerta siempre está abierta a quien me necesita pero él había decidido vivir en su casa, porque la casa de los padres es nuestra casa, o así creo que es. Si él no me lo pedía yo no iba a proponerle que se viniese a mi casa.

Tito vivía horarios diferentes a los míos y podía alterar la vida de Elga y mía, si no había más remedio lo asumiría pero habiendo otra alternativa no iba a descolocarme la vida, la verdad. Así que siguió en casa de la Señora Antonia. Y de vez en cuando, cuando venían Jairo o Nerea, normalmente Jairo, en esa época veía menos a Nerea, procuraba que viese o viesen a su padre.

Fue empeorando. Y comenzó a utilizar la silla de ruedas que fue de Paquito. Y, sin aparente explicación decidió trasladarse al salón. No había forma de que durmiese en la cama de su dormitorio, se atrincheró en el sofá del salón.

Alguna vez, Jairo, se quedó a dormir en casa de la abuela y le agobiaba ver el deterioro que iba mostrando su padre, en una ocasión que le pedía encender la luz porque no veía comprendió que estaba muy mal, porque la luz estaba encendida y se veía perfectamente.

La Señora Antonia seguía llamándome continuamente. No soportaba que Tito hubiese invadido el salón, quería que se fuese de su casa, y dado que yo no le hacía caso, me llamaba una vecina, su vecina aliada, que con toda su poca vergüenza me daba lecciones de cómo debe ser una hija.

- Tu madre no está para cuidar de tu hermano, deberías hacerte cargo.

Tito ya no podía moverse ni con silla de ruedas, vivía en el sofá. Y La Señora Antonia ya no se quejaba, ya me gritaba que no podía más, que me le llevase de su casa.

Contraté una empresa para que los martes lo sacasen de paseo, y todos los viernes me acompañaba algún amigo, Tito el largo, Fabio, Pibis... y me ayudaban a sacarle de paseo por la tarde. Tito fumaba porros, y yo le liaba unos cuantos, se los daba a mi madre y muy seria le exigí que le diese tres cada día, poco más podía hacerse por él, empezaba a no estar, era volver a vivir lo vivido con Paquito.

En Agosto ingresaron a Tito, y, yo tenía una casa para irnos de vacaciones unos días, le iba a ver a diario, pero llegó el día del viaje y seguía ingresado, posiblemente estaría pocos días ya, le pedí a mi madre que fuese ella a verle, yo me llevaba a Jairo y Nerea conmigo de vacaciones.

- *Si, que voy.*

- *Pero ve todos los días, por favor.*

- *Que sí, que pesada eres.*

- *No, mamá, que hay que ir todos los días, que no sabemos si se entera o no, pero cuando se está enfermo se agradece que vayan a verte.*

- *¿No te he dicho que voy a ir?, ¡pues cállate ya!. Te he dicho que iré, asquerosa que eres una asquerosa.*

El día que nos fuimos a la playa, paramos a verle antes de coger carretera y manta. Cada fin de semana venían amigos y amigas a pasar unos días en la playa, y el último fin de semana vino la madre de Jairo y Nerea, estaban felices. Mi sorpresa fue ver que venían con mi madre.

- *¿Cómo, que viene mi madre?*

- *Me llamó que si podía venirse conmigo y no le iba a decir que no.*

- *No, no, normal, has hecho muy bien.*

Pero yo no daba crédito.

- Mamá, ¿quién va a ver a Tito?

- Hija por que no vaya nadie unos días no pasa nada

- Si pasa, te pedí que le fueses a ver y te vienes aquí, está solo. ¡No quiero que esté siempre solo!.

- ¿Te molestó?. Porque cojo y me voy – dijo ya de malas maneras.

- No mamá, ya que has venido vamos a estar lo mejor posible.

Justo el domingo dejábamos la casa, Pibis se iba con Jackeline y Alba, Nere y Jairo con su madre y yo con Elga, mi madre y la perra, creo que madrugue más que nunca, y, por supuesto, pare a ver a mi hermano antes de llegar a casa.

Me informe y envié a mi madre a por los impresos y a llevarlos para conseguir asistencia para mi hermano, conseguimos una residencia para él. Cuando fue a la residencia no creo ni que se enterase del cambio. Ya estaba muy mal. Ya no estaba. Tito estaba físicamente, pero ya no se comunicaba, como ocurrió con Paquito, sus neuronas no tenían contacto por falta de mielina y el solo era un cuerpo, que si seguía siendo alimentado, como conseguía respirar, seguía viviendo, pero nada mas.

Antonia no quería tenerle en casa, la solución fue buscar una residencia de no válidos, allí si iba todos los días, todos, porque pedían el dni y llevaban registro de visitas y ella era la mejor madre, su principio del que dirán la obligaba a que ese carnet de identidad quedase reflejado en la lista de la residencia cada día, incluso hizo fotos del estado de Tito para que sus amigas comprendiesen los mucho que sufría viendo así a su hijo, fotos que Begoña rompió y tiró y de las que no existen copias, cuando las personas están en cierto estado de deterioro es ignominioso mostrar el deterioro humano que a veces la vida ocasiona.

La suerte de Tito fue fallecer en menos tiempo que Paquito, su vacío mental fue más breve, lo deseable es que ni uno ni otro fuesen conscientes de su soledad.

A partir de la muerte de Tito, Antonia, sola en su casa, con su vida social muy activa, salía a diario con sus amigas, iban al cine, a merendar, a algún acto del que alguna se enteraba, tomaban café en casa de alguna... era feliz. Antonia vivía la alegría que en su adolescencia no tuvo, salía con las amigas y se acicalaba, se perfumaba, se ponía guapa.

Además, ella veía cosas que las demás no y eso le daba un interés especial, sus amigas la reclamaban, la pedían que asistiera cada día, les gustaba tenerla cerca y se sentían aconsejadas y protegidas por y con ella. Antonia empezó a tener "despistes", y a achacar cada cosa que ocurría a la presencia de espíritus en su casa.

Por una de esas cosas de la vida, una rotura de una cañería de Antonia mojo el techo y pared de su vecina de abajo, quien, le reclamó reparar la cañería y le pintase lo mojado, ya que al secar quedaría la mancha. Antonia tenía seguro, pero jamas habia hecho uso de él, y solicitar ayuda al seguro le parecía ignominioso, no sabemos que creía que suponía dar un parte, para ella parecía que reconocía haber cometido un delito muy deshonroso, la cuestión es que peleo con la vecina hasta que esta llamo a Begoña porque, Antonia, se negaba a dar un parte y ella seguía con la humedad. Meses costo que se arreglara el problema, en cuanto Begoña tuvo conocimiento llamó al seguro y todo fue como debía, rápido y bien. Pero Antonia, desde ese momento, comenzó a odiar a su vecina, no la hablaba y la quería mal.

Un día la vecina llamó a Begoña.

- ¿Begoña?

- Si.

- Soy la vecina de abajo de tu madre, es que veras, la vamos a denunciar.

- ¿Qué ha pasado?, ¿Por qué?

- Pues veras, desde hace un tiempo, al pie de la ventana de los niños, haga el tiempo que haga, aparece un charquito como de agua, hay algún churrete que ha manchado la pared, y como no nos explicabamos que podía ser, y es a diario, lo hemos mandado a analizar. Y es pis, y hemos puesto una cámara y es tu madre, que todas las mañanas, aprovechando que los niños están en el colegio y nosotros trabajando y dejamos la ventana abierta para que se airee la habitación, echa el pis con un vaso de plástico.

- Por favor, por favor, no la denuncies, dejad que yo hable con ella, ya sabéis que está mal, que ha pasado mucho…

Begoña habló con Antonia, no lo negó, es más se sintió absolutamente orgullosa de lo que hacía y explicó con todo lujo de detalles como orinaba cada mañana en un vasito de plástico que había destinado a su misión diaria.

- ¡Que se jodan!. ¿No he tenido que pagarles la pintura?.

- Mamá, tú no has pagado nada, lo ha pagado el seguro.

Su rencor era tal que resultaba imposible hacerla entender nada y que lo que hacía no era correcto, pero, afortunadamente, pensar que iba a ir a la carcel si le pareció preocupante, es obvio que no hubiese acabado en la cárcel pero, de alguna manera había que meterle miedo o no iba a parar nunca. Y por fortuna paro, odiando a su vecina, pero paro. La vecina no la denunció, pero seguramente, en alguna ocasión, notó la falta de alguna prenda, Antonia, en alguna ocasión la castigaba robando algo que tuviese tendido, lo hacía espaciadamente, la historia del pis sólo le había enseñado que si haces algo todos los días te pueden pillar.

Y Begoña conoció al que sería su marido Juanje. Vino la crisis, entre el dos mil ocho y el dos mil nueve, el trabajo de Juanje empezó a flojear, hasta el punto de que, ya endeudado, debió cerrar su empresa y la tercera habitación de la casa de

Begoña se convirtió en su oficina, suspendió la actividad de su empresa y decidió seguir como autónomo.

Coincidió que Jairo se separó, y quiso irse a vivir a casa de Begoña pero no había más habitaciones y encontraron una solución que podía ser favorable para todos, ya que Begoña estaba preocupada por Antonia y no le gustaba que viviese sola por las cosas que iban pasando: un día dejaba toda la noche el calentador encendido, otro día se le quemaba la comida, dejaba las llaves puestas en la puerta después de entrar... Ella decía que eran los espíritus pero Begoña intuía que Antonia no estaba bien, y, aunque procuraba visitarla, no podía estar siempre. Así que, dado que Antonia tenía dos habitaciones disponibles y vivía cerca de Begoña, la solución fue que Jairo se fuese a vivir a casa de Antonia, Jairo tenía su propia habitación y Antonia estaba acompañada, y, también, supervisada.

Begoña vivía cerca, y Jairo empezó su convivencia con Antonia quizá no con todo el agrado del mundo pero con la seguridad de un techo y las necesidades cubiertas. Antonia siempre quiso a Jairo.

Según iba pasando el tiempo, Antonia, iba mostrando mayores desvaríos, al principio era gracioso lo que Jairo contaba sobre Antonia, pero cada vez iba siendo más preocupante.

Cuando Jairo llevaba a alguien a dormir a casa, Antonia, a horas intempestivas, cuatro de la mañana, cinco, entraba en la habitación y se quedaba mirando a los dormidos hasta que, con un lógico susto y sobresalto, se despertaba alguno, entonces hablaba, les contaba que en el descansillo había gente, que el diablo le había roto las medias, que del armario salía una señora... historias a las que la familia podía acostumbrarse pero no los amigos, invitados, las visitas, y, obviamente, procuraban no volver por la casa.

Jairo se avino a vivir con Antonia, y Antonia se avino, encantada, a vivir con Jairo.

Llegaba la navidad, a pesar de las ausencias, venían a Madrid, Miguel y Modes, es bueno juntarse la familia, aun cuando la nuestra fuese ya muy reducida con motivo de las fiestas, por ello convenimos celebrar la nochebuena en casa de la señora Antonia.

Se decidió que cada parte de la familia llevaría una parte de la cena. Bego y Juanje el segundo plato, que, todo hay que decirlo, Begoña, práctica y cada vez con menos ganas de complicarse la vida, encargo en El Corte Inglés. Aun así, un par de días antes se acercó con Juanje a comprar bebida. Coca-colas, cervezas, cava...

- Bego, ¿para qué compras tanta bebida?

- Para la Nochebuena.

- Pero ¿no cenamos donde tu madre?

- Si.

- Pero tu madre se encarga de la bebida

- Por eso, yo sé lo que hago, no te preocupes, si sobra ya lo iremos usando, si tirarse no se va a tirar.

Afortunadamente, Begoña sí conoce a la señora Antonia, porque una vez puesta la mesa, a la que asistieron trece personas, incluida una amiga de Jairo, ella colocó la bebida, una botella de vino tinto para todos los comensales y para toda la cena.

- Juanje, ¿ves como tenía que comprar bebida?

Lo impactante es que Antonia, en ningún momento, ni se preguntó, ni pregunto, de donde salía otra bebida, ella había puesto su botella de vino y el resto... imposible saber si era consciente de que corrían los botellines antes de la cena y que en el frigorífico se enfriaban otras bebidas y cava para el brindis con los postres.

En la casa no se podía fumar por el asma de Antonia, y se fumaba en la habitación de Jairo o en la cocina, en la ventana, y ahí estaba Juanje, cuando Antonia le llama.

> - *Ven, ven, mira, estan ahi.*

Antonia, subida en un banquito que usaba para poder mirar por la mirilla, le llamaba y hacía aspavientos con la mano para que Juanje fuese a mirar por la mirilla.

> - *¿Quién está?*

> - *La rubia y los otros..., están ahí... Ven, mira.*

Juanje ya había oído hablar de las personas que Antonia veía pero que nadie mas conseguía ver, y, la verdad, sintió miedo, no quería ver pero, tampoco quería no ver, no sabía cómo salir de la situación, como pudo se deshizo del cigarro, alegó que iba a ver no se sabe que, hizo como que no se daba cuenta de lo que queria Antonia y huyó despavorido a contarnos al resto lo ocurrido. Lo cual sirvió para que Jairo nos pusiese al día de las visiones y "rarezas" de la abuela. Lo cierto es que Jairo conseguía que pareciese gracioso, nos sacaba una sonrisa y más de una risa, pero Antonia cada vez estaba peor, quizá lo mejor era tomarselo así… o no.

Una noche Jairo, serían las tres de la mañana, se despertó al oír algarabía, la sentía en la entrada de la casa y allí fue. Se encontró con unos policías y la señora Antonia.

- Si, si estaban en el descansillo - decía la señora Antonia

- Pero…, ¿estaban ahí cuando hemos llamado al telefonillo?.

- Si, si les tienen que haber visto, si estaban ahí, que yo me he dicho: ¡Os han pillado!.

- Pues eso es que nos han oído, solo pueden haber subido. Subid que tienen que estar arriba.

Y subieron dos policías la escalera.

- Buenas noches, ¿qué pasa?, abuela, ¿por que esta aqui la policia?

- Les he llamado porque estaban la rubia y los otros dos en el descansillo, y esta mañana he ido a la comisaría y les he dicho que había una mujer y dos hombres que venian a la puerta de mi casa y me daba miedo y el policía me ha dicho que cuando viniesen les llamase, y estaban en el descansillo y he llamado.

Jairo no sabía cómo explicar a los policías que ni rubia ni rubio, que eran cosas que solo veía la abuela.

Bajaron los policías.

- No hay nadie.

- A ver, señora, ¿pueden ser vecinos?, porque igual son vecinos y se han metido en su casa.

- Noooo, no son vecinos, ¿que vecino ni que na?, es la rubia y dos muy mal encarados que siempre vienen con ella, si la tengo muy vista. No, no son vecinos.

Jairo, intentando no llamar loca a la abuela y menos que se enfadase, les dijo cómo le fue saliendo.

- *Si, solo les ve ella, es que ella ve al demonio, y ve a gente...*

Antonia aprovechó para explicarles sus visiones del diablo, y todo lo que le hacía el diablo, que le rompía las enaguas, que no le dejaba dormir, y les habló de la gente que salía del armario... Los policías fueron comprendiendo que Antonia veía pero que ni la rubia ni los otros dos iban a aparecer.

- *Bueno, señora, pues parece que se han escapado.*

- *Pues yo, si vuelven, les vuelvo a llamar.*

La policía no es tonta, y saben que el bolsillo es doloroso.

- *Si, nos llama, pero ya la próxima vez, tenemos que cobrar por venir.*
- *Ah, ¿si vuelvo a llamar me cobran?*
- *Si, ya si tenemos que volver, cobramos, los bomberos también cobran.*

A Antonia eso ya no le gusto, y claro, una vez se fue la policía les puso de vuelta y media, que no servían para nada, que si ella lo sabe, que vaya una ayuda…

Jairo se debatía entre volverse a dormir, mandarla muy lejos, abroncarla por llamar a la policía… se limitó a enterarse de su visita a comisaría, de mandarla a dormir y de irse a dormir el.

Fran, la pareja de Jairo, se fue a vivir con Jairo a casa de Antonia.

Lo cierto es que Antonia, eso hay que reconocerlo, admitía a toda persona que aparecía por la casa. El problema era cómo asustaba Antonia a los que iban.

Fran quería un conejo y tuvieron un conejo. Blanco.

Según Antonia, el diablo se había metido en el conejo y lo quería fuera de casa, fueron días angustiosos, Antonia no vivía pensando que el diablo estaba en el conejo y Jairo y Fran no vivían pensando que Antonia le pudiese hacer algo al conejo o soltarle en la calle. Por supuesto el conejo tuvo que salir de la casa, por su bien, porque Antonia cada vez estaba más enfadada y no quería, de ninguna manera que el demonio que estaba dentro del conejo, siguiese cerca de ella. Pobre conejo, tuvo que vivir casi escondido, desde luego su suerte fue irse de casa de Antonia.

En el verano, Jairo se fue unos días, la vecina de Antonia llamó a Begoña.

  - *Tu madre está muy mal.*

  - *¿Muy mal?, ¿de que?, ¿qué le pasa?.*

  - *Tu madre no puede estar sola, yo creo que ni come, y ve mucho al diablo, y tiene miedo, está muy mal.*

Begoña, con Juanje, fueron a casa de Antonia, que efectivamente, estaba mal, sucia, dejada, el pelo grasiento y más delgada.

Viéndola así, decidió llevársela a su casa, cogieron una maleta, la gata, Mosca, y se fueron con ella.

Estaban, en ese momento, solos Juanje y Begoña, y Antonia, desde el primer momento trató de imponer sus normas.

  - *Esta película es un rollo, pon ese programa que echan...*

- ¿Y no compráis pan?, ¿coméis sin pan?, pues sin pan...

- Pues vaya cenas que haceis...

- Yo no me apaño a hacerme aquí la cama, luego si eso házmela cuando puedas.

No quería ducharse, no quería hacer nada, pero quería ir con ellos a todas partes.

Comenzaron las discusiones, de momento ligeras, pero Begoña y Antonia se median.

Un domingo volvía Elga de Inglaterra y Juanje y Begoña iban al aeropuerto por ella, se hubiesen llevado a Antonia pero su aspecto era lamentable, el pelo sucio, pero sucio, mal vestida, y ya tenían que irse, Begoña le dijo que iban por Elga que enseguida venían. Antonia se enfadó y esta vez la bronca fue más seria, pero Begoña sabía que ver a su abuela así no iba a hacer que Elga se sintiese bien, se despediría de sus compañeros de viaje y no era agradable ver a Antonia con el aspecto que presentaba. Begoña no cedió y Antonia se quedó en casa.

A Elga que su abuela estuviese en casa poco le afectó pero sí dijo cuando la vio que la encontraba peor, y que parecía sucia. De nuevo discutieron

Begoña y Antonia, pero Antonia se ducho y se cambió de arriba a abajo, pero esta vez la ducho Begoña.

A partir de ese día la convivencia era nefasta, discusiones, malas caras, enfados… no, Antonia no estaba bien en casa de Begoña y Begoña no sabia que hacer.

Pero volvió Jairo de donde estaba y volvió a casa de Antonia, enterado de la situación fue a buscarla. Antonia se fue con Jairo sin mirar atrás, sin despedirse. Tanto corrió que se dejó la gata. Mosca se quedó a vivir en casa de Begoña, bueno, en la habitación de Elga, Antonia se olvidó de Mosca, ni preguntó por ella, ni pidió que se la llevasen, como si nunca hubiese existido.

Mosca era ya viejita, y se meaba en la cama de Elga.

Elga se enfadaba, pero muy enfadada.

- Puta gata!, ya se ha vuelto a mear!, joder…

Pero pusieran donde pusieran a Mosca, ella se iba a dormir a los pies de la cama de Elga, en realidad más que mearse, es que no retenía el pis, porque ella iba al arenero y la caca siempre la hacía en él, pero al dormirse se orinaba, demasiados años encima.

Asi que compraron cobertores para el colchón y fabricaron unos cobertores para los pies de la cama con la parte de abajo con plástico de cortina de baño, y cada dia los iban cambiando, ya no se volvió a mojar la cama de Elga y en esa cama siguió Mosca hasta su marcha. Antonia nunca supo cuando murió Mosca. No se lo dijeron.

Jairo, Fran y Antonia no podían convivir.

Jairo se fue a vivir con Fran, pero antes gestionaron con los servicios sociales la dependencia, y los fines de semana, Elga, para ver a sus amigas, se quedaba a dormir en casa de Antonia, se iba los viernes a su casa y volvía al pueblo el domingo a comer.

Antonia comenzó a ir a un centro de día, allí desayunaba, comía y merendaba, lo cual era un descanso porque ya no tenía que encender la cocina, cenaba un poco de jamón, yogurt, fruta… le gustaba mucho la leche, por lo que muchas noches cenaba leche con galletas, pero la calentaba en el microondas.

A Antonia le gustaba ir al centro de día. Contaba que leían el periodico y comentaban entre todos las noticias, que pintaban, que hacían gimnasia, a ella la gimnasia era lo que menos le gustaba, pero la hacía, que hablaban, que le gustaba la comida, que les daban muy bien de merendar... Se arreglaba para ir al centro de día, le sentó bien.

Un día llamaron desde el Centro de Dia a Begoña, la directora.

   - *El lunes su madre ingresa en una residencia, Residencial….*

   - *Nunca hemos pedido una residencia para mi madre.*

   - *Si, pero hemos tenido muchos problemas y viendo su estado creemos que es lo más conveniente.*

   - *Pero, igual ella no quiere ir a una residencia.*

   - *Es lo mejor en su estado.*

   - *Mire, yo no valoro, en este momento, si es lo mejor o lo peor, no entiendo nada. ¿Como que se va a una residencia?, es que no me estoy enterando.*

- *Su madre no está bien, y muchas de las personas que venían, que vienen al centro de día están dejando de querer venir, y sus familias se han quejado pues al parecer su madre les mete miedo.*

- *¿Qué?, como no me explique mejor…*

- *Su madre les dice que se van a morir, o que traen un fantasma, o que en el comedor ha visto al diablo… La gente no quiere ni cruzarse con ella, la tienen miedo.*

Evidentemente, Antonia era como era, pero lo que la familia trataba de llevar lo mejor posible era un problema, que en un centro de día, no iban a minimizar, había una solución, una residencia especializada en enfermedades mentales.

Pero la Señora Antonia no estaba diagnosticada como enferma mental, así que había que conseguir ese diagnóstico, y desde el mismo centro de día ya habían gestionado todo, visita al geriatra y al psiquiatra y fecha de entrada en la residencia.

Nerea y Begoña llevaron a Antonia al especialista, eran dos, y el diagnóstico fue rotundo: esquizofrenia paranoide, amén de principio de demencia. Quedaron sorprendidos por el estado alucinatorio y que no estuviese siendo tratada. Lo cierto es que tanto Jairo como Begoña habían hablado con la médica de cabecera de Antonia, Begoña, no pudiendo faltar al trabajo le había escrito, incluso, pero nunca sirvio de nada, ella la encontraba una viejecita encantadora, con sus cosas, pero no la veía como nosotros decíamos que estaba, se ve que Antonia nunca le hablo de fantasmas ni del diablo, porque con la doctora bastante tenía contándole sus males, infinitos y muchos inexistentes, ya que hablar de lo enferma que estaba era su conversación favorita, sus males no tenían fin, y aun así ella hacía de todo, ella se mostraba al mundo como una enferma de todo, abnegada, luchadora. Y cuando no daba pena, lloraba, porque había tenido una vida muy difícil, cuando se ponía a llorar estando con Begoña, esta se enfadaba.

-   ¡A mi no me llores!.

Y con la misma facilidad que comenzaba a llorar, dejaba de hacerlo.

Corriendo y deprisa hubo que comprar etiquetas con el nombre de Antonia, coserlas a su ropa, escoger lo que tenía que llevarse… Antonia no cambió de gesto cuando se le dijo que la llevaban a una residencia, si le pareció mal o bien, no dijo nada, quizá pensó que prefería vivir acompañada que sola.

Begoña le preguntó.

- *¿Te parece bien?, si no estas bien, aqui esta tu casa, sales y vuelves a ella, ya veremos*

- *Vamos a ver, yo voy a probar. Lo malo de una residencia es que ahí vas para morirte.*

- *Mamá, si no quieres ir, no vas, ya hablaré con los servicios sociales.*

- *De momento voy unos meses y ya veremos.*

Y así de tranquila asumió Antonia que se iba a una residencia, se despidió de las vecinas, se intercambiaron los móviles y dejó que le preparasen la marcha, eso si, ella no preparó ni unas bragas para llevarse, solo las joyas que quería tener con ella, el resto se las dio a Begoña para que las cuidase.

El traslado a la residencia fue tranquilo, bueno, se complicó un poco la llegada porque la salida de la carretera de La Coruña resultó un poco complicada pero una vez Jairo, Begoña y Antonia llegaron, todo fue fácil, la atención de la dirección, la instalación en su habitación,que resultó ser individual, la visita por las instalaciones… Llegó la hora de comer y Antonia consideró que para sobrevivir hay que comer no pasar el rato con los allegados, así que corrió hacia el comedor y, lógicamente, Jairo y Begoña se marcharon.

La familia visitaba semanalmente a Antonia, procuraban no coincidir el mismo día para que se sintiese acompañada, para que se sintiese visitada, querida. Lo cierto es que a veces fue ella quien hizo sentirse mal a quien la visitó, si lo que le ofrecía la residencia era más interesante par ella no tenía reparo en abandonar a la visita, un día, por ejemplo, que fue Elga a visitarla.

- Hola, abuela.

- Hola, rica.

Lo de rica y cariño lo usaba con frecuencia ya que era incapaz de recordar, salvo rarísimas y contadas excepciones, el nombre de sus nietas.

- ¿Qué tal estás?.

- Muy bien, mira, quedate aqui, que me voy a merendar, ya luego vengo y te veo

- Pero, abuela, si quieres salimos a tomar algo tu y yo

- No te preocupes, aquí dan muy bien de merendar.

Y, ni corta ni perezosa, salió corriendo hacia el comedor y allí se quedó Elga, que poco dispuesta a que su abuela la tuviera una hora sentada en su cama, se marchó, con poca gana de volver a visitarla, la verdad.

Pero ella era así, si alguien aplicaba lo de "vivé la vida" era Antonia, tenía clara que su prioridad era lo que ella quería, lo que a ella le apetecía, motivo por el cual, si le gustaba una radio, se la llevaba, si le gustaba una falda, se la llevaba, si le gustaba un anillo, se lo llevaba… Con tan mala suerte que en una ocasión un familiar reconoció el anillo que llevaba Antonia como el de uno que su madre había perdido. Por supuesto se dirigió a dirección y planteó que creía que el Anillo que llevaba Antonia era el de su madre, Antonia juro y perjuro que se lo había regalado Begoña, por lo que llamaron a Begoña, quien tuvo que presentarse en la residencia y confesar que no reconocía el anillo, lo cual le supuso una terrible bronca con Antonia, porque que le costaba a ella decir que lo había comprado ella… Para Antonia lo de los demás no merecía ningún respeto, lo que quería era de ella o no era para nadie. por eso al entregar el anillo primero lo golpeó con algo, la familia quería presentar denuncia pero la residencia consiguió "arreglar" el anillo, que, francamente, sólo tenía una leve torcedura del aro, y la cosa se zanjó.

Antonia seguía viendo fantasmas, y Begoña ideó algo, que sirvió un tiempo. Le llevó unas piedras de vidrio que compró en una floristería, se usan para adornar macetas.

- Cada vez que veas un fantasma, le obligas a meterse en esta piedra, y lo entierras y ya no lo volverás a ver.

- ¿Seguro?.

- Si, ya veras.

Funcionó un tiempo, pero no mucho, seguía viendo fantasmas pero conoció a una limpiadora que también los veía, que le contó que lo pasaba muy mal, y que nadie la creía y, quizá, encontrar alguien como ella le ayudó porque parecía que tenía menos miedo.

Antonia al principio de su vida en la residencia, se integró con interés, participaba del arreglo semanal de la capilla para la misa, regaba las plantas de la entrada y un patio cubierto donde nos reuniamos los visitantes con los internos… estaba contenta con sus "trabajos" y los comentaba, incluso le hicieron fotos regando para un video sobre la residencia, se la veía contenta, hasta que se canso, se apasionaba y se desencantaba de un dia para otro.

De repente se negó a ayudar. Lógicamente algo había pasado, entre su relato algo comentó de una compañera, pero nunca lo explicó con claridad.

- Que lo hagan las chicas, que para eso las pagan. Estoy aquí pagando para hacer yo las cosas… ¡Y una mierda!. Yo no tengo que hacer nada, que arreglen la capilla ellas, y si se mueren las plantas que les den por culo, voy a estar yo haciendo lo que tienen que hacer ellas. ¡Anda ya!.

Cambiaba de "amiga" con facilidad, cuando cambiaba la amiga antigua era una asquerosa, una mentirosa, y sus mejores deseos hacia ella era no volverla a ver ni por el pasillo, y mejor que así fuese, porque usaba el bastón con gran destreza y hacía tropezar a todo el que no le caia bien, si caía ella seguía su camino como si no se hubiese dado cuenta. Lo cual era fácilmente ver por las cámaras de seguridad, y, vieron, claro, y de lo cual muchos internos se quejaban. Pero, Antonia, lo negaba, negaba todo, hasta que no necesitaba el bastón, lo cual era motivo de comentarios en las reuniones familiares, porque era gracioso verla correr hacia el restaurante, cafetería o donde fueses con ella levantando el bastón para poder ir deprisa y como lo utilizaba como "arma o herramienta" para hacer caer a quien se le cruzase en su camino o aparentar ser una desvalida señora mayor.

Antonia se iba deteriorando, también su carácter y resultaba poco agradable ir a visitarla, especialmente para Begoña, quien no pocas veces salía llorando de esas visitas. Lo cierto es que sus nietos, que además tenían su vida, iban menos de lo que ella quería, y ella, cuando la visitaban les recriminaba y convertía la visita en un momento desagradable. Begoña iba todas las semanas, le llevaba cuánto le pedía, colonia, que por cierto, la podía llevar Begoña o el Sursum Corda, se la había regalado Jairo, ropa interior, pintauñas... Aun así, siempre conseguía hacer que Begoña lo pasase mal, un comentario, un insulto, un no me has traído... Y, sobre todo, sostenía que Begoña le había robado su casa, su casa se vendió para pagar la residencia, ya que el importe de esta superaba unos trescientos, cuatrocientos euros, el importe de su pensión, y ella no dejaba de pedir, y acudía a excursiones, a la peluquería, al podólogo... Begoña no podía mantener los gastos de la casa, y pagar lo que faltaba, así que se vendió, y con ello se pagó la residencia hasta donde llegó. Pero Antonia siempre dijo que Begoña le había robado. Y le exigía.

- *Quiero que me compres…, y no me digas que no que bastante me has robado.*

Si un anillo que llevaba Begoña le gustaba, Begoña tenía que dárselo, seguro que lo había comprado con el dinero que le había robado. Sus peticiones, en ocasiones eran absolutamente absurdas, pero llegó un momento en que pedía y obtenía, un colchon antiescaras, pues un colchón antiescaras, nunca llegó a estrenarlo, no lo necesito jamás, pañuelos de bolsillo, pues pañuelos, otro móvil, pues otro móvil… Nadie entendía que Begoña no le negase nada, pero fueron tantos los insultos, las frases desagradables, los abrazos no recibidos… que si comprar, por lo menos, evitaba una bronca, bien estaba.

Durante el tiempo que permaneció en esa residencia el carácter de Antonia, sus continuos hurtos, sus discusiones, incluso violentas, con residentes y trabajadores, su poca disposición a colaborar… hicieron que no fuese apreciada por quienes pasaban o trabajaban allí, también su relación con la familia se vio afectada, su egoísmo, su falta de cariño, sus continuos reproches y exigencias, no invitaban ni hacían apetecible ir a visitarla y poco a poco solo se la visitaba para llevarla al medico y muy raramente para pasar un rato con ella.

Begoña, cada mes viajaba para, al menos, verla.

Una noche le llamo Nerea.

- *Ti, han sedado a la abuela, creo que debes venir.*

Y en medio de un temporal de lluvia, a media noche, Juanje y Begoña se encaminaron a Madrid.

Jairo ponía música de *"El Fari"* a la abuela, nunca sabremos porque, bueno Jairo si, si a la señora Antonia le gusto *"El Fari"* lo disimulo escuchando a *Juanito Valderrama, Lola Flores y mucha copla...* y alrededor de la habitación estaba toda la familia, no lloraban, pero le podía la congoja. Al cabo de una media hora, Antonia, pedía el desayuno, había vuelto a pasar el peligro, era la tercera vez que la sedaban, esperando un final que su fortaleza siempre superaba.

Pensando que quizá parte del alejamiento se debía a que la residencia estaba lejos de donde vivía la mayoría, se intentó buscar una más próxima a toda la familia. Jairo y Begoña visitaron varias, sin acabar de decidirse, pero, como tantas veces, ese destino que juega con nosotros y nosotras, determinó por la familia.

Familiares de residentes habían recogido firmas para que la Señora Antonia fuese expulsada de la la residencia, por parte de la dirección le habilitaron una habitación que no compartía baño con nadie, todo para ella, a ella no le gusto porque estaba al final del pasillo, tenía que andar mucho. Pero la administración no quería más quejas, tenian que solucionar un problema que les suponía la marcha de internos por el malhacer de una sola persona. Por supuesto, no podían dejarla en la calle, hablaron con la Comunidad de Madrid, con los Servicios Sociales y la única condición que impusimos la familia es que la enviasen a Alcobendas. Aceptaron.

Hubieron de pasar meses, hasta que hubo una plaza, pero la trasladaron, en la residencia a la que la trasladaron no había habitaciones individuales, la asignaron un habitación con una persona poco conflictiva, que no acudía a la habitación más que a dormir, trataron de actuar con coherencia ya que leyeron el informe que preparó la anterior residencia.

Se le hizo un somero reconocimiento y pasamos a hablar con la directora, mientras, la gobernanta, quiso enseñarle la habitación, Antonia se enfado, entendió que queríamos que no escuchase lo que se iba a hablar de ella y, sin dudarlo, entró en cólera, gritaba y blandía su bastón...

- *¡Queréis encerrarme!, me habéis quitado todo y ahora queréis meterme en una cárcel. ¡Asquerosos!...*

Desde su llegada dejó claro que fácil no era.

Al intentar organizar sus cosas e inventariarlas, con la gobernanta, aparecieron unos quince bastones de diferentes largos, pares de zapatos de números diferentes, ropa de todas las tallas, abanicos para poner un puesto... seleccionamos aquello que sabíamos suyo, o así lo creimos y ofrecimos a la gobernanta que cuanto sirviese a otra persona lo utilizasen.

La gobernanta no comprendió que tuviese una silla de ruedas embalada, un colchón antiescaras, barras laterales para la cama...

- *¿Todo esto por que lo tiene?*

- *Porque lo quería tener*

- *¿Pero lo necesita?*

- No, pero puede que algún día lo necesite.

- Pero no ahora, no tiene sentido que tenga estas cosas.

- Mire, la silla ¿tienen donde guardarla?

- Si, eso no hay problema

- Pues hacemos una cosa, le guardan la silla, el colchón, si lo necesita alguien, lo donamos…

- Si, pero las barras se las llevan porque aquí, nuestras camas ya las tienen y no sirven para nada.

Jairo se llevó las barras y las vendió en wallapop.

Y comenzó a vivir en la nueva residencia.

En esta residencia había que llevarles a los especialistas, por lo que, dada la dificultad de que los nietos pudieran hacerlo, ya que Antonia, por edad y salud, necesitaba cada día más visitas a estos, Begoña y Juanje decidieron dejar Almería y trasladarse cerca.

Antonia, no cambió, y desde el principio agredió a su compañera de habitación, lo cual detectaron sus familiares, por los moratones que la señora exhibía cada vez en mayor número y que pusieron en conocimiento de la dirección. Al preguntar a Antonia ella contestó sin reparo ni pudor.

- Hace muchos ruidos al dormir y la doy con el bastón para que se calle.

Antonia tuvo lo que no tenía nadie, una habitación individual, las habitaciones disponian de televisión, pero ella no se manejaba con el mando de la de la residencia y consiguió que le llevásemos una cuyo mando sabía usar, solo veía dos canales, así que, tenía su propia habitación con dos televisores.

Y Llegó la pandemia, y Antonia cogió COVID y llamaron a la familia

- Está muy mal, ¿qué hacemos?

- Llevarla al hospital.

Y fue, y estuvo muy mal, nadie pudimos ir a visitarla, nadie pudimos estar a su lado, cada dia llamaban y daban el escueto parte, ni hablar con ella, ni verla, pero salió de él, volvió a la residencia, no podía irse a visitarlos, fue la época del confinamiento, y hablar con ella por teléfono era más complicado que terminar de estudiar ingeniería de telecomunicaciones.

Pero estaba allí, subsistiendo, cuando conseguimos hablar con ella se quejaba de que se aburría mucho, les tenían aislados en las habitaciones, el tiempo había hecho que no le entretuviese la televisión, no leía... por las tardes en el pasillo, una auxiliar, sentada en una silla, mientras ellos se sentaban en la puerta de su habitación, jugaba con ellos a bingo, a adivinanzas... trataban de amenizarles los días, que se hacían eternos de vacío y de falta de estímulos y esperanza.

Pero todo pasa, y paso el confinamiento. Se pudo empezar a visitar a Antonia, solo podía ir una persona. Begoña. Las visitas eran el relato de una queja continua, todo era malo, todo era asqueroso, incluso Begoña, la gente era mala, los nietos eran malos, no entendía que no podían venir a verla. Lo unico que queria era su café con leche, y hablar por videoconferencia con Miguelito, hecho esto quería irse a su habitación, Begoña solo era quien, cuando la visitaba, la invitaba a café y la ponía con Miguelito, hecho esto, pedía lo que necesitaba para la próxima visita y llamaba a la auxiliar para irse.

Antonia tuvo neumonía. Ingreso. Salió.

Volvieron las visitas. Tristes, sin contacto, pero continuas.

Volvió a tener COVID, no la ingresaron, lo pasó en la residencia, esta vez más suave.

Su boca estaba mal, y un dentista la visitó en la residencia. Estaba contenta. Begoña la vio contenta en mucho tiempo, hablo bien del dentista y eso era algo agradable.

En una de las visitas discutió con Begoña, Begoña se levantó y se fue. Begoña le había comprado un teléfono nuevo, porque se quejaba de que con el suyo no se enteraba y no lo sabía usar. Llamó a Carmelo, Carmelo le dijo que ella no era su madre, que su madre había sido Rosario, quien le sacó de la inclusa y que no le metiese en líos que no le competían, Antonia desde ese dia ya tenia de que hablar, toda la conversación giraba en torno a lo asqueroso que era Carmelo, una madre es una madre y ella le había parido. Que le abandonase en una inclusa no le parecía importante ni valorable, los hijos están obligados a querer a quien les pare y desvivirse por ellos, asi lo veia ella.

Volvieron a ingresarla y a avisar a toda la familia, allí nos presentamos todos y, como tantas veces, había remontado y no querían dejar entrar a nadie a verla, después de que nos habían hecho ir a la una de la mañana, entramos tras enfrentarnos a las enfermeras, porque no se llama a la familia, que veníamos de lejos algunos, para decirles váyanse que ha mejorado. Cinco minutos de reloj, pero la vimos, ella pidió una manta, se dio la vuelta y se puso a dormir. Ni pregunto que haciamos alli.

Y volvió a la residencia, pero ya no estaba bien, se estaba consumiendo, no hablaba demasiado, o casi nada, se estaba apagando, se iba, no remontaba, no quería comer, nada le apetecía, ya ni el café con leche, ni hablar con Miguelito. No criticaba a nadie, no hablaba mal de nadie, no era ella.

Y una llamada nos confirmó su marcha.

Murió durmiendo, no sufrió, descanso.

Adios mamá, te fuiste y me dejaste sin el beso que pedí hace sesenta y tres años. Nadie vence a la muerte, pero tú me venciste a mi, te fuiste sin quererme nunca. Descansa en paz, en esa que un día espero encontrar yo, a tu pesar.

Por extraño que parezca. Te echo mucho de
menos.

Impresión y editorial: BoD – Books on Demand
info@bod.com.es - www.bod.com.es
Impreso en Alemania – Printed in Germany
ISBN: 9788411237628